TRANZLATY

Sprache ist für alle da

A nyelv mindenkié

Das Kommunistische Manifest

A Kommunista Kiáltvány

Karl Marx
&
Friedrich Engels

Deutsch / Magyar

Published by Tranzlaty
ISBN: 978-1-80572-331-8
Original text by Karl Marx and Friedrich Engels
The Communist Manifesto
First published in 1848
www.tranzlaty.com

Einleitung
Bevezetés

Ein Gespenst geht um in Europa – das Gespenst des Kommunismus

Egy kísértet kísérti Európát – a kommunizmus kísértete

Alle Mächte des alten Europa sind eine heilige Allianz eingegangen, um dieses Gespenst auszutreiben

A régi Európa minden hatalma szent szövetségre lépett, hogy kiűzze ezt a kísértetet

Papst und Zaren, Metternich und Guizot, französische Radikale und deutsche Polizeispione

Pápa és cár, Metternich és Guizot, francia radikálisok és német rendőrkémek

Wo ist die Oppositionspartei, die von ihren Gegnern an der Macht nicht als kommunistisch verschrien wurde?

Hol van az ellenzéki párt, amelyet hatalmon lévő ellenfelei nem bélyegeztek kommunistának?

Wo ist die Opposition, die nicht den Brandvorwurf des Kommunismus gegen die fortgeschritteneren Oppositionsparteien zurückgeschleudert hat?

Hol van az az ellenzék, amely nem vetette vissza a kommunizmus gyalázatát a fejlettebb ellenzéki pártokkal szemben?

Und wo ist die Partei, die den Vorwurf nicht gegen ihre reaktionären Gegner erhoben hat?

És hol van az a párt, amely nem vádolta reakciós ellenfeleit?

Aus dieser Tatsache ergeben sich zweierlei

Ebből a tényből két dolog következik:

I. Der Kommunismus wird bereits von allen europäischen Mächten als eine Macht anerkannt

I. A kommunizmust már minden európai hatalom hatalomnak ismeri el

II. Es ist höchste Zeit, dass die Kommunisten ihre Ansichten, Ziele und Tendenzen offen vor der ganzen Welt offenlegen

II. Legfőbb ideje, hogy a kommunisták nyíltan, az egész világ előtt közzétegyék nézeteiket, céljaikat és tendenciáikat

sie müssen diesem Kindermärchen vom Gespenst des Kommunismus mit einem Manifest der Partei selbst begegnen

a kommunizmus kísértetének ezt a bölcsődei meséjét magának a pártnak a kiáltványával kell találkozniuk

Zu diesem Zweck haben sich Kommunisten verschiedener Nationalitäten in London versammelt und folgendes Manifest entworfen

E célból különböző nemzetiségű kommunisták gyűltek össze Londonban, és felvázolták a következő kiáltványt

Dieses Manifest wird in deutscher, englischer, französischer, italienischer, flämischer und dänischer Sprache veröffentlicht

ezt a kiáltványt angol, francia, német, olasz, flamand és dán nyelven kell közzétenni

Und jetzt soll es in allen Sprachen veröffentlicht werden, die Tranzlaty anbietet

És most minden nyelven közzé kell tenni, amelyet a Tranzlaty kínál

Bourgeois und Proletarier
Burzsoá és proletárok

Die Geschichte aller bisherigen Gesellschaften ist die Geschichte der Klassenkämpfe

Minden eddig létező társadalom története az osztályharcok története

Freier und Sklave, Patrizier und Plebejer, Herr und Leibeigener, Zunftmeister und Geselle

Szabad ember és rabszolga, patrícius és plebejus, úr és jobbágy, céhmester és vándor

mit einem Wort, Unterdrücker und Unterdrückte

Egyszóval, elnyomó és elnyomott

Diese sozialen Klassen standen in ständiger Opposition zueinander

Ezek a társadalmi osztályok állandó ellentétben álltak egymással

Sie führten einen ununterbrochenen Kampf. Jetzt versteckt, jetzt offen

Megszakítás nélkül harcoltak. Most rejtve, most nyitva

Ein Kampf, der entweder in einer revolutionären Rekonstitution der Gesellschaft als Ganzes endete

egy harc, amely vagy a társadalom egészének forradalmi újraalkotmányozásával végződött

oder ein Kampf, der im gemeinsamen Ruin der streitenden Klassen endete

vagy egy harc, amely a versengő osztályok közös pusztulásával végződött

Blicken wir zurück auf die früheren Epochen der Geschichte

Tekintsünk vissza a történelem korábbi korszakaira

Wir finden fast überall eine komplizierte Einteilung der Gesellschaft in verschiedene Ordnungen

Szinte mindenütt a társadalom bonyolult elrendezését találjuk különböző rendekbe

Es gab schon immer eine mannigfaltige Abstufung des sozialen Ranges

a társadalmi rang mindig is sokrétű fokozatban különbözött

Im alten Rom gibt es Patrizier, Ritter, Plebejer, Sklaven
Az ókori Rómában patríciusok, lovagok, plebejusok,
rabszolgák vannak
im Mittelalter: Feudalherren, Vasallen, Zunftmeister,
Gesellen, Lehrlinge, Leibeigene
a középkorban: feudális urak, vazallusok, céhmesterek,
vándorok, tanoncok, jobbágyok
In fast allen diesen Klassen sind wiederum untergeordnete
Abstufungen
Szinte mindegyik osztályban ismét alárendelt fokozatok
Die moderne Bourgeoisie Gesellschaft ist aus den
Trümmern der feudalen Gesellschaft hervorgegangen
A modern burzsoázia társadalma a feudális társadalom
romjaiból nőtt ki
Aber diese neue Gesellschaftsordnung hat die
Klassengegensätze nicht beseitigt
De ez az új társadalmi rend nem szüntette meg az
osztályellentéteket
Sie hat nur neue Klassen und neue
Unterdrückungsbedingungen geschaffen
Csak új osztályokat és az elnyomás új feltételeit hozta létre
Sie hat neue Formen des Kampfes an die Stelle der alten
gesetzt
a harc új formáit hozta létre a régiek helyett
Die Epoche, in der wir uns befinden, weist jedoch eine
Besonderheit auf
A kornak azonban, amelyben vagyunk, van egy
megkülönböztető jegye
die Epoche der Bourgeoisie hat die Klassengegensätze
vereinfacht
a burzsoázia korszaka egyszerűsítette az osztályellentéteket
Die Gesellschaft als Ganzes spaltet sich mehr und mehr in
zwei große feindliche Lager
A társadalom egésze egyre inkább két nagy ellenséges táborra
szakad

zwei große soziale Klassen, die sich direkt gegenüberstehen:
Bourgeoisie und Proletariat
két nagy társadalmi osztály áll egymással szemben: a
burzsoázia és a proletariátus
Aus den Leibeigenen des Mittelalters gingen die Bürger der
ersten Städte hervor
A középkor jobbágyaiból származtak a legkorábbi városok
okleveles polgárai
Aus diesen Bürgern entwickelten sich die ersten Elemente
der Bourgeoisie
Ezekből a burgessekből fejlesztették ki a burzsoázia első
elemeit
Die Entdeckung Amerikas und die Umrundung des Kaps
Amerika felfedezése és a Cape kerekítése
diese Ereignisse eröffneten der aufstrebenden Bourgeoisie
neues Terrain
ezek az események új utat nyitottak a felemelkedő burzsoázia
számára
Die ostindischen und chinesischen Märkte, die
Kolonisierung Amerikas, der Handel mit den Kolonien
A kelet-indiai és kínai piacok, Amerika gyarmatosítása,
kereskedelem a gyarmatokkal
die Vermehrung der Tauschmittel und der Waren überhaupt
a csereeszközök és általában az áruk növekedése
Diese Ereignisse gaben dem Handel, der Schiffahrt und der
Industrie einen nie gekannten Impuls
Ezek az események korábban soha nem látott lendületet adtak
a kereskedelemnek, a hajózásnak és az iparnak
Sie gab dem revolutionären Element in der wankenden
feudalen Gesellschaft eine rasche Entwicklung
Gyors fejlődést adott a forradalmi elemnek az ingadozó
feudális társadalomban
Geschlossene Zünfte hatten das feudale System der
industriellen Produktion monopolisiert
A zárt céhek monopolizálták az ipari termelés feudális
rendszerét

Doch das reichte den wachsenden Bedürfnissen der neuen Märkte nicht mehr aus

De ez már nem volt elegendő az új piacok növekvő igényeihez

Das Manufaktursystem trat an die Stelle des feudalen Systems der Industrie

A gyártási rendszer az ipar feudális rendszerének helyébe lépett

Die Zunftmeister wurden vom produzierenden Bürgertum auf die Seite gedrängt

A céhmestereket a gyáros középosztály taszította félre

Die Arbeitsteilung zwischen den verschiedenen korporativen Innungen verschwand

A különböző vállalati céhek közötti munkamegosztás eltűnt

Die Arbeitsteilung durchdrang jede einzelne Werkstatt

A munkamegosztás minden egyes műhelybe behatolt

In der Zwischenzeit wuchsen die Märkte immer weiter und die Nachfrage stieg immer weiter

Eközben a piacok folyamatosan növekedtek, és a kereslet egyre nőtt

Selbst Fabriken reichten nicht mehr aus, um den Anforderungen gerecht zu werden

Már a gyárak sem voltak elegendőek az igények kielégítésére

Daraufhin revolutionierten Dampf und Maschinen die industrielle Produktion

Ezt követően a gőz és a gépek forradalmasították az ipari termelést

An die Stelle der Manufaktur trat der Riese, die moderne Industrie

A gyártás helyét az óriás, a Modern Ipar vette át

An die Stelle des industriellen Mittelstandes traten industrielle Millionäre

Az ipari középosztály helyét ipari milliomosok vették át

an die Stelle der Führer ganzer Industriearmeen trat die moderne Bourgeoisie

az egész ipari hadsereg vezetőinek helyét a modern burzsoázia vette át

die Entdeckung Amerikas ebnete der modernen Industrie den Weg zur Etablierung des Weltmarktes

Amerika felfedezése kikövezte az utat a modern ipar számára a világpiac létrehozásához

Dieser Markt gab dem Handel, der Schifffahrt und der Kommunikation auf dem Landweg eine ungeheure Entwicklung

E piac óriási fejlődést hozott a kereskedelem, a hajózás és a szárazföldi közlekedés számára

Diese Entwicklung hat seinerzeit auf die Ausdehnung der Industrie reagiert

Ez a fejlemény a maga idejében reagált az ipar terjeszkedésére

Sie reagierte in dem Maße, wie sich die Industrie ausbreitete, und wie sich Handel, Schiffahrt und Eisenbahn ausdehnten

Arányosan reagált arra, ahogyan az ipar bővült, és ahogyan a kereskedelem, a hajózás és a vasút bővült

in demselben Maße, in dem sich die Bourgeoisie entwickelte, vermehrte sie ihr Kapital

ugyanolyan arányban, ahogy a burzsoázia fejlődött, növelték tőkéjüket

und das Bourgeoisie drängte jede aus dem Mittelalter überlieferte Klasse in den Hintergrund

és a burzsoázia háttérbe szorított minden osztályt, amelyet a középkortól örököltek

daher ist die moderne Bourgeoisie selbst das Produkt eines langen Entwicklungsganges

ezért a modern burzsoázia maga is hosszú fejlődés terméke

Wir sehen, dass es sich um eine Reihe von Revolutionen in der Produktions- und Tauschweise handelt

Látjuk, hogy ez a termelési és cseremódok forradalmainak sorozata

Jeder Schritt der Bourgeoisie Entwicklung ging mit einem entsprechenden politischen Fortschritt einher

A burzsoázia minden fejlődési lépését megfelelő politikai előrelépés kísérte

Eine unterdrückte Klasse unter der Herrschaft des feudalen Adels

Egy elnyomott osztály a feudális nemesség uralma alatt

ein bewaffneter und selbstverwalteter Verein in der mittelalterlichen Kommune

Fegyveres és önkormányzattal rendelkező egyesület a középkori kommünben

hier eine unabhängige Stadtrepublik (wie in Italien und Deutschland)

itt egy független városi köztársaság (mint Olaszországban és Németországban)

dort ein steuerpflichtiger "dritter Stand" der Monarchie (wie in Frankreich)

ott a monarchia adóköteles "harmadik birtoka" (mint Franciaországban)

Danach, in der Zeit der eigentlichen Herstellung

ezt követően a tulajdonképpeni gyártási időszakban

die Bourgeoisie diente entweder der halbfeudalen oder der absoluten Monarchie

a burzsoázia vagy a félfeudális, vagy az abszolút monarchiát szolgálta

oder die Bourgeoisie fungierte als Gegengewicht zum Adel

vagy a burzsoázia ellenpólusként lépett fel a nemesség ellen

und in der Tat war die Bourgeoisie ein Eckpfeiler der großen Monarchien überhaupt

és valójában a burzsoázia általában a nagy monarchiák sarokköve volt

aber die moderne Industrie und der Weltmarkt haben sich seitdem etabliert

de a modern ipar és a világpiac azóta megvetette a lábát

und die Bourgeoisie hat sich die ausschließliche politische Herrschaft erobert

és a burzsoázia kizárólagos politikai befolyást szerzett magának

sie erreichte diese politische Herrschaft durch den modernen repräsentativen Staat

ezt a politikai befolyást a modern képviseleti államon keresztül érte el

Die Exekutive des modernen Staates ist nichts anderes als ein Verwaltungskomitee

A modern állam végrehajtói nem mások, mint egy intézőbizottság

und sie leiten die gemeinsamen Angelegenheiten der gesamten Bourgeoisie

és ők intézik az egész burzsoázia közös ügyeit

Die Bourgeoisie hat historisch gesehen eine höchst revolutionäre Rolle gespielt

A burzsoázia történelmileg a legforradalmibb szerepet játszotta

Wo immer sie die Oberhand gewann, machte sie allen feudalen, patriarchalischen und idyllischen Verhältnissen ein Ende

Ahol felülkerekedett, véget vetett minden feudális, patriarchális és idilli kapcsolatnak

Sie hat erbarmungslos die bunten feudalen Bande zerrissen, die den Menschen an seine "natürlichen Vorgesetzten" banden

Könyörtelenül széttépte azokat a tarka feudális kötelékeket, amelyek az embert "természetes feletteseihez" kötötték

Und es ist kein Nexus zwischen Mensch und Mensch übrig geblieben, außer nacktem Eigeninteresse

és nem maradt más kapcsolat ember és ember között, mint a meztelen önérdek

Die Beziehungen der Menschen zueinander sind zu nichts anderem geworden als zu einer gefühllosen "Geldzahlung"

Az ember egymáshoz való viszonya nem más, mint érzéketlen "készpénzfizetés"

Sie hat die himmlischsten Ekstasen religiöser Inbrunst ertränkt

Elfojtotta a vallásos buzgalom legmennyeibb extázisát

sie hat ritterlichen Enthusiasmus und philiströsen Sentimentalismus übertönt

Elfojtotta a lovagias lelkesedést és a filiszteus
szentimentalizmust
**Sie hat diese Dinge im eisigen Wasser des egoistischen
Kalküls ertränkt**
Ezeket a dolgokat az egoista számítás jeges vizébe fojtotta
Sie hat den persönlichen Wert in Tauschwert aufgelöst
A személyes értéket cserélhető értékké oldotta fel
**Sie hat die zahllosen und unveräußerlichen verbrieften
Freiheiten ersetzt**
felváltotta a számtalan és elidegeníthetetlen chartert
szabadságot
**und sie hat eine einzige, skrupellose Freiheit geschaffen;
Freihandel**
és létrehozott egy egységes, lelkiismeretlen szabadságot;
Szabadkereskedelem
Mit einem Wort, sie hat dies für die Ausbeutung getan
Egyszóval ezt kizsákmányolás céljából tette
**Ausbeutung, verschleiert durch religiöse und politische
Illusionen**
vallási és politikai illúziókkal leplezett kizsákmányolás
**Ausbeutung verschleiert durch nackte, schamlose, direkte,
brutale Ausbeutung**
A meztelen, szégyentelen, közvetlen, brutális
kizsákmányolással leplezett kizsákmányolás
**die Bourgeoisie hat den Heiligenschein von jedem zuvor
geehrten und verehrten Beruf abgestreift**
a burzsoázia lehántotta a glóriát minden korábban tisztelt és
tisztelt foglalkozásról
**der Arzt, der Advokat, der Priester, der Dichter und der
Mann der Wissenschaft**
Az orvos, az ügyvéd, a pap, a költő és a tudomány embere
**Sie hat diese ausgezeichneten Arbeiter in ihre bezahlten
Lohnarbeiter verwandelt**
Ezeket a kiváló munkásokat fizetett bérmunkásaivá változtatta
**Die Bourgeoisie hat der Familie den sentimentalen Schleier
weggerissen**

A burzsoázia letépte a szentimentális fátylat a családról
Und sie hat das Familienverhältnis auf ein bloßes
Geldverhältnis reduziert
és a családi kapcsolatot puszta pénzbeli viszonyra redukálta
die brutale Zurschaustellung der Kraft im Mittelalter, die
die Reaktionäre so sehr bewundern
a középkori életerő brutális megnyilvánulása, amelyet a
reakciósok annyira csodálnak
Auch diese fand ihre passende Ergänzung in der trägesten
Trägheit
Még ez is megtalálta a megfelelő kiegészítőjét a leglustább
lustaságban
Die Bourgeoisie hat enthüllt, wie es dazu gekommen ist
A burzsoázia nyilvánosságra hozta, hogyan történt mindez
Die Bourgeoisie war die erste, die gezeigt hat, was die
Tätigkeit des Menschen bewirken kann
A burzsoázia volt az első, aki megmutatta, mit hozhat az
ember tevékenysége
Sie hat Wunder vollbracht, die ägyptische Pyramiden,
römische Aquädukte und gotische Kathedralen bei weitem
übertreffen
Olyan csodákat vitt véghez, amelyek messze meghaladják az
egyiptomi piramisokat, a római vízvezetékeket és a gótikus
katedrálisokat
und sie hat Expeditionen durchgeführt, die alle früheren
Auszüge von Nationen und Kreuzzügen in den Schatten
stellten
és olyan expedíciókat vezetett, amelyek árnyékba helyezték a
nemzetek és keresztes hadjáratok minden korábbi exodusát
Die Bourgeoisie kann nicht existieren, ohne die
Produktionsmittel ständig zu revolutionieren
A burzsoázia nem létezhet anélkül, hogy folyamatosan
forradalmasítaná a termelési eszközöket
und damit kann sie nicht ohne ihre Beziehungen zur
Produktion existieren
és ezért nem létezhet a termeléshez való viszonya nélkül

und deshalb kann sie nicht ohne ihre Beziehungen zur Gesellschaft existieren

és ezért nem létezhet a társadalomhoz való viszonya nélkül

Alle früheren Industrieklassen hatten eine Bedingung gemeinsam

Minden korábbi ipari osztálynak volt egy közös feltétele

Sie setzten auf die Bewahrung der alten Produktionsweisen

a régi termelési módok megőrzésére támaszkodtak

aber die Bourgeoisie brachte eine völlig neue Dynamik mit sich

de a burzsoázia teljesen új dinamikát hozott magával

Ständige Revolutionierung der Produktion und ununterbrochene Störung aller gesellschaftlichen Verhältnisse

A termelés folyamatos forradalmasítása és minden társadalmi feltétel megszakítás nélküli megzavarása

diese immerwährende Unsicherheit und Unruhe unterscheidet die Epoche der Bourgeoisie von allen früheren

ez az örök bizonytalanság és nyugtalanság különbözteti meg a burzsoázia korszakát minden korábbitól

Die bisherigen Beziehungen zur Produktion waren mit alten und ehrwürdigen Vorurteilen und Meinungen verbunden

A termeléssel való korábbi kapcsolatok ősi és tiszteletreméltó előítéletekkel és véleményekkel jártak

Aber all diese festgefahrenen, eingefrorenen Beziehungen werden hinweggefegt

De mindezeket a rögzült, gyorsan befagyott kapcsolatokat elsöprik

Alle neu gebildeten Verhältnisse werden antiquiert, bevor sie erstarren können

Minden újonnan kialakult kapcsolat elavulttá válik, mielőtt megcsontosodhatna

Alles, was fest ist, zerschmilzt in Luft, und alles, was heilig ist, wird entweiht

Minden, ami szilárd, levegővé olvad, és minden, ami szent, megszentségtelenedik

Der Mensch ist endlich gezwungen, mit nüchternen Sinnen seinen wirklichen Lebensbedingungen ins Auge zu sehen
Az ember végre kénytelen józan érzékekkel szembenézni valódi életfeltételeivel
und er ist gezwungen, sich seinen Beziehungen zu seinesgleichen zu stellen
és kénytelen szembenézni a fajtájával való kapcsolatával
Die Bourgeoisie muss ständig ihre Märkte für ihre Produkte erweitern
A burzsoáziának állandóan bővítenie kell termékei piacát
und deshalb wird die Bourgeoisie über die ganze Erdoberfläche gejagt
és emiatt a burzsoáziát a világ egész felületén üldözik
Die Bourgeoisie muss sich überall einnisten, sich überall niederlassen, überall Verbindungen herstellen
A burzsoáziának mindenütt fészket kell vetnie, mindenütt le kell telepednie, mindenütt kapcsolatokat kell létesítenie
Die Bourgeoisie muss in jedem Winkel der Welt Märkte schaffen, um sie auszubeuten
A burzsoáziának piacokat kell teremtenie a világ minden sarkában, hogy kizsákmányolja
Die Produktion und der Konsum in jedem Land haben einen kosmopolitischen Charakter erhalten
A termelés és a fogyasztás minden országban kozmopolita jelleget kapott
der Verdruss der Reaktionäre ist mit Händen zu greifen, aber er hat sich trotzdem fortgesetzt
a reakciósok bosszúsága tapintható, de ettől függetlenül folytatódott
Die Bourgeoisie hat der Industrie den nationalen Boden, auf dem sie stand, unter den Füßen weggezogen
A burzsoázia az ipar lábai alól húzta ki azt a nemzeti talajt, amelyen áll
Alle alteingesessenen nationalen Industrien sind zerstört worden oder werden täglich zerstört

Minden régi nemzeti ipar megsemmisült, vagy naponta megsemmisül

Alle alteingesessenen nationalen Industrien werden durch neue Industrien verdrängt

Az összes régi nemzeti iparágat új iparágak váltják fel

Ihre Einführung wird zu einer Frage von Leben und Tod für alle zivilisierten Völker

Bevezetésük élet-halál kérdéssé válik minden civilizált nemzet számára

Sie werden von Industrien verdrängt, die keine heimischen Rohstoffe mehr verarbeiten

Olyan iparágak szorítják ki őket, amelyek már nem dolgoznak fel hazai nyersanyagot

Stattdessen beziehen diese Industrien Rohstoffe aus den entlegensten Zonen

Ehelyett ezek az iparágak a legtávolabbi zónákból nyerik ki a nyersanyagokat

Industrien, deren Produkte nicht nur zu Hause, sondern in allen Teilen der Welt konsumiert werden

iparágak, amelyek termékeit nemcsak otthon, hanem a világ minden negyedében fogyasztják

An die Stelle der alten Bedürfnisse, die durch die Erzeugnisse des Landes befriedigt werden, treten neue Bedürfnisse

A régi szükségletek helyett, amelyeket az ország termékei elégítenek ki, új igényeket találunk

Diese neuen Bedürfnisse bedürfen zu ihrer Befriedigung der Produkte aus fernen Ländern und Klimazonen

Ezek az új igények kielégítésükhöz távoli vidékek és éghajlatok termékeit igénylik

An die Stelle der alten lokalen und nationalen Abgeschiedenheit und Selbstversorgung tritt der Handel

A régi helyi és nemzeti elzárkózás és önellátás helyett kereskedelem van

internationaler Austausch in alle Richtungen; universelle Interdependenz der Nationen

nemzetközi csere minden irányban; A nemzetek egyetemes kölcsönös függősége

Und so wie wir von Materialien abhängig sind, so sind wir von der intellektuellen Produktion abhängig

És ahogy függünk az anyagoktól, ugyanúgy függünk a szellemi termeléstől

Die geistigen Schöpfungen der einzelnen Nationen werden zum Gemeingut

Az egyes nemzetek szellemi alkotásai közös tulajdonná válnak

Nationale Einseitigkeit und Engstirnigkeit werden immer unmöglicher

A nemzeti egyoldalúság és szűklátókörűség egyre lehetetlenebbé válik

Und aus den zahlreichen nationalen und lokalen Literaturen entsteht eine Weltliteratur

És a számos nemzeti és helyi irodalomból világirodalom születik

durch die rasche Verbesserung aller Produktionsmittel

az összes termelési eszköz gyors fejlesztésével

durch die immens erleichterten Kommunikationsmittel

a rendkívül megkönnyített kommunikációs eszközökkel

Die Bourgeoisie zieht alle (auch die barbarischsten Nationen) in die Zivilisation hinein

A burzsoázia mindenkit (még a legbarbárabb nemzeteket is) bevon a civilizációba

Die billigen Preise seiner Waren; die schwere Artillerie, die alle chinesischen Mauern niederreißt

Áruinak olcsó árai; a nehéztüzérség, amely minden kínai falat lerombol

Der hartnäckige Fremdenhass der Barbaren wird zur Kapitulation gezwungen

A barbárok idegenekkel szembeni makacs gyűlölete kapitulációra kényszerül

Sie zwingt alle Nationen, unter Androhung des Aussterbens, die Bourgeoisie Produktionsweise anzunehmen

Minden nemzetet arra kényszerít, hogy a kihalás terhe mellett átvegye a burzsoázia termelési módját

Sie zwingt sie, das, was sie Zivilisation nennt, in ihre Mitte einzuführen

Arra kényszeríti őket, hogy bevezessék közéjük azt, amit civilizációnak neveznek

Die Bourgeoisie zwingt die Barbaren, selbst zur Bourgeoisie zu werden

A burzsoázia arra kényszeríti a barbárokat, hogy maguk is burzsoáziává váljanak

mit einem Wort, die Bourgeoisie schafft sich eine Welt nach ihrem Bilde

egyszóval a burzsoázia saját képe után teremt világot

Die Bourgeoisie hat das Land der Herrschaft der Städte unterworfen

A burzsoázia a vidéket a városok uralma alá vetette

Sie hat riesige Städte geschaffen und die Stadtbevölkerung stark vergrößert

Hatalmas városokat hozott létre, és jelentősen megnövelte a városi lakosságot

Sie rettete einen beträchtlichen Teil der Bevölkerung vor der Idiotie des Landlebens

A lakosság jelentős részét megmentette a vidéki élet idiotizmusától

Aber sie hat die Menschen auf dem Lande von den Städten abhängig gemacht

de a vidékieket a városoktól tette függővé

Und ebenso hat sie die barbarischen Länder von den zivilisierten abhängig gemacht

És hasonlóképpen függővé tette a barbár országokat a civilizáltaktól

Bauernnationen gegen Völker der Bourgeoisie, Osten gegen Westen

paraszti nemzetek a burzsoázia nemzetein, Kelet Nyugaton

Die Bourgeoisie beseitigt den zerstreuten Zustand der Bevölkerung mehr und mehr

A burzsoázia egyre inkább felszámolja a lakosság szétszórt
állapotát
**Sie hat die Produktion agglomeriert und das Eigentum in
wenigen Händen konzentriert**
Tömörítette a termelést, és néhány kézben koncentrálta a
tulajdont
**Die notwendige Konsequenz daraus war eine politische
Zentralisierung**
Ennek szükségszerű következménye a politikai centralizáció
volt
**Es gab unabhängige Nationen und lose miteinander
verbundene Provinzen**
Voltak független nemzetek és lazán összekapcsolt
tartományok
**Sie hatten getrennte Interessen, Gesetze, Regierungen und
Steuersysteme**
Külön érdekeik, törvényeik, kormányaik és adórendszereik
voltak
**Aber sie sind zu einer Nation zusammengeschmolzen, mit
einer Regierung**
De egy kalap alá kerültek, egy kormánnyal
**Sie haben jetzt ein nationales Klasseninteresse, eine Grenze
und einen Zolltarif**
Most egy nemzeti osztályérdekük, egy határuk és egy
vámtarifájuk van
**Und dieses nationale Klasseninteresse ist unter einem
Gesetzbuch vereinigt**
És ez a nemzeti osztályérdek egyetlen törvénykönyvben
egyesül
**die Bourgeoisie hat während ihrer knapp hundertjährigen
Herrschaft viel erreicht**
a burzsoázia sok mindent elért alig száz éves uralma alatt
**massivere und kolossalere Produktivkräfte als alle
vorhergehenden Generationen zusammen**
masszívabb és kolosszálisabb termelőerők, mint az összes
korábbi generáció együttvéve;

Die Kräfte der Natur sind dem Willen des Menschen und seiner Maschinerie unterworfen

A természet erői alá vannak rendelve az ember és gépezete akaratának

Die Chemie wird auf alle Industrieformen und Landwirtschaftsformen angewendet

A kémia az ipar minden formájára és a mezőgazdaság típusára vonatkozik

Dampfschiffahrt, Eisenbahnen, elektrische Telegraphen und die Druckerpresse

gőzhajózás, vasút, elektromos távíró és nyomda

Rodung ganzer Kontinente für den Anbau, Kanalisierung von Flüssen

egész kontinensek művelés céljából történő megtisztítása, folyók csatornázása

ganze Populationen wurden aus dem Boden gezaubert und an die Arbeit gebracht

Egész populációkat varázsoltak elő a földből és dolgoztattak

Welches frühere Jahrhundert hatte auch nur eine Ahnung von dem, was entfesselt werden könnte?

Melyik korábbi századnak volt egyáltalán elképzelése arról, hogy mit lehet szabadjára engedni?

Wer hat vorausgesagt, dass solche Produktivkräfte im Schoß der gesellschaftlichen Arbeit schlummern?

Ki jósolta meg, hogy ilyen termelőerők szunnyadnak a szociális munka ölében?

Wir sehen also, daß die Produktions- und Tauschmittel in der feudalen Gesellschaft erzeugt wurden

Látjuk tehát, hogy a termelő- és csereeszközök a feudális társadalomban keletkeztek

die Produktionsmittel, auf deren Grundlage sich die Bourgeoisie aufbaute

a termelőeszközök, amelyek alapjára a burzsoázia felépítette magát

Auf einer bestimmten Stufe der Entwicklung dieser Produktions- und Tauschmittel

E termelőeszközök és csereeszközök fejlődésének egy
bizonyos szakaszában
**die Bedingungen, unter denen die feudale Gesellschaft
produzierte und tauschte**
a feudális társadalom termelésének és cseréjének feltételei
**Die feudale Organisation der Landwirtschaft und des
verarbeitenden Gewerbes**
Feudális Mezőgazdasági és Gyáripari Szervezet;
**Die feudalen Eigentumsverhältnisse waren mit den
materiellen Verhältnissen nicht mehr vereinbar**
A feudális tulajdonviszonyok már nem voltak
összeegyeztethetők az anyagi viszonyokkal
**Sie mussten gesprengt werden, also wurden sie
auseinandergesprengt**
Szét kellett őket robbantani, tehát szét kellett robbantani őket
An ihre Stelle trat die freie Konkurrenz der Produktivkräfte
Helyükre lépett a termelőerők szabad versenye
**Und sie wurden von einer ihr angepassten sozialen und
politischen Verfassung begleitet**
és ehhez igazított társadalmi és politikai alkotmány kísérte
őket
**und sie wurde begleitet von der ökonomischen und
politischen Herrschaft der Bourgeoisie Klasse**
és ezt a burzsoázia osztály gazdasági és politikai befolyása
kísérte
**Eine ähnliche Bewegung vollzieht sich vor unseren eigenen
Augen**
Hasonló mozgalom zajlik a saját szemünk előtt
**Die moderne Bourgeoisie Gesellschaft mit ihren
Produktions-, Tausch- und Eigentumsverhältnissen**
A modern burzsoázia társadalma a maga termelési, csere- és
tulajdonviszonyaival
**eine Gesellschaft, die so gigantische Produktions- und
Tauschmittel heraufbeschworen hat**
egy olyan társadalom, amely ilyen gigantikus termelési és
csereeszközöket varázsolt elő

Es ist wie der Zauberer, der die Mächte der Unterwelt heraufbeschworen hat

Olyan ez, mint a varázsló, aki előhívta az alvilág erőit

Aber er ist nicht mehr in der Lage, zu kontrollieren, was er in die Welt gebracht hat

De már nem képes irányítani azt, amit a világra hozott

Viele Jahrzehnte lang war die vergangene Geschichte durch einen roten Faden miteinander verbunden

Sok évtizeden át a történelmet egy közös szál kötötte össze

Die Geschichte der Industrie und des Handels ist nichts anderes als die Geschichte der Revolten

Az ipar és a kereskedelem története nem más, mint a lázadások története

die Revolten der modernen Produktivkräfte gegen die modernen Produktionsbedingungen

a modern termelőerők lázadásai a modern termelési feltételek ellen

die Revolten der modernen Produktivkräfte gegen die Eigentumsverhältnisse

a modern termelőerők lázadásai a tulajdonviszonyok ellen

diese Eigentumsverhältnisse sind die Bedingungen für die Existenz der Bourgeoisie

ezek a tulajdonviszonyok a burzsoázia létének feltételei

und die Existenz der Bourgeoisie bestimmt die Regeln der Eigentumsverhältnisse

és a burzsoázia létezése határozza meg a tulajdonviszonyok szabályait

Es genügt, die periodische Wiederkehr von Handelskrisen zu erwähnen

Elég megemlíteni a kereskedelmi válságok időszakos visszatérését

jede Handelskrise ist für die Bourgeoisie Gesellschaft bedrohlicher als die letzte

minden kereskedelmi válság fenyegetőbb a burzsoázia társadalmára, mint az előző

In diesen Krisen wird ein großer Teil der bestehenden Produkte vernichtet

Ezekben a válságokban a meglévő termékek nagy része megsemmisül

Diese Krisen zerstören aber auch die zuvor geschaffenen Produktivkräfte

De ezek a válságok elpusztítják a korábban létrehozott termelőerőket is

In allen früheren Epochen wären diese Epidemien als Absurdität erschienen

Minden korábbi korszakban ezek a járványok abszurditásnak tűntek volna

denn diese Epidemien sind die kommerziellen Krisen der Überproduktion

mert ezek a járványok a túltermelés kereskedelmi válságai

Die Gesellschaft befindet sich plötzlich wieder in einem Zustand der momentanen Barbarei

A társadalom hirtelen visszakerül a pillanatnyi barbárság állapotába

als ob ein allgemeiner Verwüstungskrieg jede Möglichkeit des Lebensunterhalts abgeschnitten hätte

mintha egy egyetemes pusztító háború elvágta volna a létfenntartás minden eszközét

Industrie und Handel scheinen zerstört worden zu sein; Und warum?

úgy tűnik, hogy az ipar és a kereskedelem megsemmisült; És miért?

Weil es zu viel Zivilisation und Subsistenzmittel gibt

Mert túl sok a civilizáció és a létfenntartáshoz szükséges eszközök

Und weil es zu viel Industrie und zu viel Handel gibt

és mert túl sok az ipar és túl sok a kereskedelem

Die Produktivkräfte, die der Gesellschaft zur Verfügung stehen, entwickeln nicht mehr das Bourgeoisie Eigentum

A társadalom rendelkezésére álló termelőerők már nem fejlesztik a burzsoázia tulajdonát

im Gegenteil, sie sind zu mächtig geworden für diese
Verhältnisse, durch die sie gefesselt sind
Éppen ellenkezőleg, túl erőssé váltak ezekhez a feltételekhez,
amelyek megbéklyózzák őket
**sobald sie diese Fesseln überwunden haben, bringen sie
Unordnung in die ganze Bourgeoisie Gesellschaft**
mihelyt legyőzik ezeket a béklyókat, zűrzavart hoznak az
egész burzsoázia társadalmába
**und die Produktivkräfte gefährden die Existenz des
Bourgeoisie Eigentums**
és a termelőerők veszélyeztetik a burzsoázia tulajdonának
létét
**Die Bedingungen der Bourgeoisie Gesellschaft sind zu eng,
um den von ihnen geschaffenen Reichtum zu erfassen**
A burzsoázia társadalmának feltételei túl szűkek ahhoz, hogy
magukban foglalják az általuk létrehozott gazdagságot
Und wie überwindet die Bourgeoisie diese Krisen?
És hogyan jut túl a burzsoázia ezeken a válságokon?
**Einerseits überwindet sie diese Krisen durch die
erzwungene Vernichtung einer Masse von Produktivkräften**
Egyrészt a termelőerők tömegének erőszakos
megsemmisítésével győzi le ezeket a válságokat
**Andererseits überwindet sie diese Krisen durch die
Eroberung neuer Märkte**
Másrészt új piacok meghódításával küzdi le ezeket a
válságokat
**Und sie überwindet diese Krisen durch die gründlichere
Ausbeutung der alten Produktivkräfte**
és ezeket a válságokat a régi termelőerők alaposabb
kizsákmányolásával győzi le
**Das heißt, indem sie den Weg für umfangreichere und
zerstörerischere Krisen ebnen**
Vagyis azzal, hogy kikövezzük az utat a kiterjedtebb és
pusztítóbb válságok előtt
**Sie überwindet die Krise, indem sie die Mittel zur
Krisenprävention einschränkt**

Úgy küzdi le a válságot, hogy csökkenti a válságok megelőzésére szolgáló eszközöket

Die Waffen, mit denen die Bourgeoisie den Feudalismus zu Fall brachte, sind jetzt gegen sich selbst gerichtet

Azok a fegyverek, amelyekkel a burzsoázia földig rombolta a feudalizmust, most önmaga ellen fordultak

Aber die Bourgeoisie hat nicht nur die Waffen geschmiedet, die sich selbst den Tod bringen

De a burzsoázia nemcsak azokat a fegyvereket kovácsolta, amelyek halált hoznak magának

Sie hat auch die Männer ins Leben gerufen, die diese Waffen führen sollen

Életre hívta azokat az embereket is, akiknek ezeket a fegyvereket kell használniuk

Und diese Männer sind die moderne Arbeiterklasse; Sie sind die Proletarier

és ezek az emberek alkotják a modern munkásosztályt; Ők a proletárok

In dem Maße, wie die Bourgeoisie entwickelt ist, entwickelt sich auch das Proletariat

Amilyen mértékben a burzsoázia fejlett, olyan arányban fejlett a proletariátus is

Die moderne Arbeiterklasse entwickelte eine Klasse von Arbeitern

A modern munkásosztály kifejlesztette a munkások osztályát

Diese Klasse von Arbeitern lebt nur so lange, wie sie Arbeit findet

A munkásoknak ez az osztálya csak addig él, amíg munkát talál

Und sie finden nur so lange Arbeit, wie ihre Arbeit das Kapital vermehrt

és csak addig találnak munkát, amíg munkájuk növeli a tőkét

Diese Arbeiter, die sich stückweise verkaufen müssen, sind eine Ware

Ezek a munkások, akiknek darabonként kell eladniuk magukat, árucikk

Diese Arbeiter sind wie jeder andere Handelsartikel
Ezek a munkások olyanok, mint minden más kereskedelmi
cikk
**und sie sind folglich allen Wechselfällen des Wettbewerbs
ausgesetzt**
következésképpen ki vannak téve a verseny minden
viszontagságának
Sie müssen alle Schwankungen des Marktes überstehen
Át kell vészelniük a piac minden ingadozását
**Aufgrund des umfangreichen Maschineneinsatzes und der
Arbeitsteilung**
A gépek széles körű használata és a munkamegosztás miatt
**Die Arbeit der Proletarier hat jeden individuellen Charakter
verloren**
A proletárok munkája elvesztette minden egyéni jellegét
**Und folglich hat die Arbeit der Proletarier für den Arbeiter
jeden Reiz verloren**
következésképpen a proletárok munkája elvesztette minden
varázsát a munkás számára
**Er wird zu einem Anhängsel der Maschine und nicht mehr
zu dem Mann, der er einmal war**
A gép függelékévé válik, nem pedig azzá az emberré, aki
egykor volt
**Nur das einfachste, eintönigste und am leichtesten zu
erwerbende Geschick wird von ihm verlangt**
Csak a legegyszerűbb, monoton és legkönnyebben
megszerezhető trükkre van szükség tőle
Daher sind die Produktionskosten eines Arbeiters begrenzt
Ezért a munkás termelési költsége korlátozott
**sie beschränkt sich fast ausschließlich auf die Mittel zur
Bestreitung des Lebensunterhalts, die er zu seinem
Unterhalt benötigt**
szinte teljes egészében a létfenntartáshoz szükséges
megélhetési eszközökre korlátozódik
**und sie beschränkt sich auf die Subsistenzmittel, die er zur
Fortpflanzung seiner Rasse benötigt**

és azokra a létfenntartási eszközökre korlátozódik, amelyekre fajának szaporításához szüksége van

Aber der Preis einer Ware, also auch der Arbeit, ist gleich ihren Produktionskosten

De egy áru, és így a munkaerő ára is megegyezik a termelési költségével

In dem Maße also, wie die Widerwärtigkeit der Arbeit zunimmt, sinkt der Lohn

Ezért a munka visszataszító erejének növekedésével arányosan csökken a bér

Ja, die Widerwärtigkeit seiner Arbeit nimmt sogar noch mehr zu

Sőt, munkájának visszataszító jellege még nagyobb ütemben növekszik

In dem Maße, wie der Einsatz von Maschinen und die Arbeitsteilung zunehmen, steigt auch die Last der Arbeit

Ahogy nő a gépek használata és a munkamegosztás, úgy nő a munka terhe is

Die Arbeitsbelastung wird durch die Verlängerung der Arbeitszeit erhöht

A munkaidő meghosszabbítása növeli a munka terhét

Dem Arbeiter wird in der gleichen Zeit mehr zugemutet als zuvor

Többet várnak a munkástól ugyanabban az időben, mint korábban

Und natürlich wird die Last der Arbeit durch die Geschwindigkeit der Maschinerie erhöht

És természetesen a munka terhét növeli a gép sebessége

Die moderne Industrie hat die kleine Werkstatt des patriarchalischen Meisters in die große Fabrik des industriellen Kapitalisten verwandelt

A modern ipar a patriarchális mester kis műhelyét az ipari kapitalista nagy gyárává változtatta

Massen von Arbeitern, die in die Fabrik gedrängt sind, sind wie Soldaten organisiert

A gyárba zsúfolódott munkástömegek úgy szerveződnek,
mint a katonák

**Als Gefreite der Industriearmee stehen sie unter dem
Kommando einer vollkommenen Hierarchie von Offizieren
und Unteroffizieren**

Az ipari hadsereg közlegényeiként a tisztek és őrmesterek
tökéletes hierarchiájának parancsnoksága alá kerülnek;

**sie sind nicht nur die Sklaven der Bourgeoisie und des
Staates**

nemcsak a burzsoázia osztályának és államának rabszolgái

**Aber sie werden auch täglich und stündlich von der
Maschine versklavt**

de naponta és óránként is rabszolgái a gépnek

**sie sind Sklaven des Aufsehers und vor allem des einzelnen
Bourgeoisie Fabrikanten selbst**

rabszolgái a szemlélőnek, és mindenekelőtt magának a
burzsoáziai gyárosnak a rabszolgái

**Je offener dieser Despotismus den Gewinn als seinen Zweck
und sein Ziel proklamiert, desto kleinlicher, verhaßter und
verbitterender ist er**

Minél nyíltabban hirdeti ez az önkényuralom a nyereséget,
mint célját és célját, annál kicsinyesebb, annál gyűlölködőbb és
elkeseredettebb

**Je mehr sich die moderne Industrie entwickelt, desto
geringer sind die Unterschiede zwischen den Geschlechtern**

Minél fejlettebb az ipar, annál kisebbek a nemek közötti
különbségek

**Je geringer die Geschicklichkeit und Kraftanstrengung der
Handarbeit ist, desto mehr wird die Arbeit der Männer von
der der Frauen verdrängt**

Minél kevesebb a kétkezi munkával járó ügyesség és
erőkifejtés, annál inkább kiszorítja a férfiak munkáját a nőké

**Alters- und Geschlechtsunterschiede haben für die
Arbeiterklasse keine besondere gesellschaftliche Gültigkeit
mehr**

Az életkori és nemi különbségeknek már nincs
megkülönböztető társadalmi érvényességük a munkásosztály
számára
**Alle sind Arbeitsinstrumente, die je nach Alter und
Geschlecht mehr oder weniger teuer zu gebrauchen sind**
Mindegyik munkaeszköz, koruktól és nemüktől függően
többé-kevésbé költséges a használatuk
**sobald der Arbeiter seinen Lohn in bar erhält, wird er von
den übrigen Teilen der Bourgeoisie angegriffen**
mihelyt a munkás készpénzben kapja meg bérét, a burzsoázia
többi része is rákényszeríti
der Vermieter, der Ladenbesitzer, der Pfandleiher usw
a földesúr, a boltos, a zálogügynök stb
**Die unteren Schichten der Mittelschicht; die kleinen
Handwerker und Ladenbesitzer**
A középosztály alsó rétegei; a kiskereskedők, a kereskedők és
a boltosok;
**die pensionierten Gewerbetreibenden überhaupt, die
Handwerker und Bauern**
a nyugdíjas kereskedők általában, valamint a kézművesek és
parasztok
all dies sinkt allmählich in das Proletariat ein
mindezek fokozatosan beszivárognak a proletariátusba
**theils deshalb, weil ihr winziges Kapital nicht ausreicht für
den Maßstab, in dem die moderne Industrie betrieben wird**
részben azért, mert csekély tőkéjük nem elegendő ahhoz a
mértékhez, amelyen a modern ipar folyik
**und weil sie in der Konkurrenz mit den Großkapitalisten
überschwemmt wird**
és mert elárasztja a nagytőkésekkel folytatott verseny
**zum Teil deshalb, weil ihr spezialisiertes Können durch die
neuen Produktionsmethoden wertlos wird**
részben azért, mert speciális szakértelmüket értéktelenné
teszik az új termelési módszerek
**So rekrutiert sich das Proletariat aus allen Klassen der
Bevölkerung**

Így a proletariátus a lakosság minden osztályából toborozódik
Das Proletariat durchläuft verschiedene Entwicklungsstufen
A proletariátus a fejlődés különböző szakaszain megy
keresztül
Mit ihrer Geburt beginnt der Kampf mit der Bourgeoisie
Születésével megkezdődik a harc a burzsoáziával
Zuerst wird der Kampf von einzelnen Arbeitern geführt
A versenyt eleinte egyéni munkások folytatják
**Dann wird der Kampf von den Arbeitern einer Fabrik
ausgetragen**
Ezután a versenyt egy gyár munkásai folytatják
**Dann wird der Kampf von den Arbeitern eines Gewerbes an
einem Ort ausgetragen**
Ezután a versenyt egy szakma ügynökei folytatják, egy
helységben
**und der Kampf richtet sich dann gegen die einzelne
Bourgeoisie, die sie direkt ausbeutet**
és a verseny akkor az egyes burzsoázia ellen irányul, aki
közvetlenül kizsákmányolja őket
**Sie richten ihre Angriffe nicht gegen die Bourgeoisie
Produktionsbedingungen**
Támadásaikat nem a burzsoázia termelési feltételei ellen
irányítják
**aber sie richten ihren Angriff gegen die Produktionsmittel
selbst**
de támadásukat maguk a termelőeszközök ellen irányítják
**Sie vernichten importierte Waren, die mit ihrer Arbeitskraft
konkurrieren**
elpusztítják az importált árukat, amelyek versenyeznek a
munkájukkal
Sie zertrümmern Maschinen und setzen Fabriken in Brand
Darabokra törik a gépeket, és gyárakat gyújtanak fel
**sie versuchen, den verschwundenen Status des Arbeiters des
Mittelalters mit Gewalt wiederherzustellen**
erőszakkal akarják visszaállítani a középkori munkás eltűnt
helyzetét

In diesem Stadium bilden die Arbeiter noch eine unzusammenhängende Masse, die über das ganze Land verstreut ist

Ebben a szakaszban a munkások még mindig összefüggéstelen tömeget alkotnak, amely szétszóródik az egész országban

und sie werden durch ihre gegenseitige Konkurrenz zerrissen

és kölcsönös versengésük felbomlasztja őket

Wenn sie sich irgendwo zu kompakteren Körpern vereinigen, so ist dies noch nicht die Folge ihrer eigenen aktiven Vereinigung

Ha bárhol egyesülnek, hogy kompaktabb testeket alkossanak, ez még nem a saját aktív egyesülésük következménye

aber es ist eine Folge der Vereinigung der Bourgeoisie, ihre eigenen politischen Ziele zu erreichen

de a burzsoázia egyesülésének következménye, hogy elérje saját politikai céljait

die Bourgeoisie ist gezwungen, das ganze Proletariat in Bewegung zu setzen

a burzsoázia arra kényszerül, hogy mozgásba hozza az egész proletariátust

und überdies ist die Bourgeoisie eine Zeitlang dazu in der Lage

sőt a burzsoázia egy ideig képes erre

In diesem Stadium kämpfen die Proletarier also nicht gegen ihre Feinde

Ebben a szakaszban tehát a proletárok nem harcolnak ellenségeikkel

Stattdessen kämpfen sie gegen die Feinde ihrer Feinde

Ehelyett ellenségeik ellenségei ellen harcolnak

Der Kampf gegen die Überreste der absoluten Monarchie und die Großgrundbesitzer

A harc az abszolút monarchia maradványaival és a földtulajdonosokkal

sie bekämpfen die nicht-industrielle Bourgeoisie; das Kleiliche Bourgeoisie

harcolnak a nem ipari burzsoázia ellen; a kispolgárság

So ist die ganze historische Bewegung in den Händen der Bourgeoisie konzentriert

Így az egész történelmi mozgalom a burzsoázia kezében összpontosul

jeder so errungene Sieg ist ein Sieg der Bourgeoisie

minden így elért győzelem a burzsoázia győzelme

Aber mit der Entwicklung der Industrie wächst nicht nur die Zahl des Proletariats

De az ipar fejlődésével a proletariátus nemcsak a számuk növekszik

das Proletariat konzentriert sich in größeren Massen und seine Kraft wächst

a proletariátus nagyobb tömegekben koncentrálódik, és ereje növekszik

und das Proletariat spürt diese Kraft mehr und mehr

és a proletariátus egyre jobban érzi ezt az erőt

Die verschiedenen Interessen und Lebensbedingungen in den Reihen des Proletariats gleichen sich mehr und mehr an

A proletariátus soraiban a különböző érdekek és életfeltételek egyre inkább kiegyenlítődnek

sie werden in dem Maße größer, wie die Maschinerie alle Unterschiede der Arbeit verwischt

arányosabbá válnak, ahogy a gépek eltörlik a munka minden megkülönböztetését

Und die Maschinen senken fast überall die Löhne auf das gleiche niedrige Niveau

és a gépek szinte mindenhol ugyanolyan alacsony szintre csökkentik a béreket

Die wachsende Konkurrenz der Bourgeoisie und die daraus resultierenden Handelskrisen lassen die Löhne der Arbeiter immer schwankender

A burzsoázia közötti fokozódó verseny és az ebből eredő
kereskedelmi válságok a munkások bérét egyre ingadozóbbá
teszik

**Die unaufhörliche Verbesserung der sich immer schneller
entwickelnden Maschinen macht ihren Lebensunterhalt
immer prekärer**

A gépek szüntelen fejlődése, amely egyre gyorsabban fejlődik,
egyre bizonytalanabbá teszi megélhetésüket

**die Kollisionen zwischen einzelnen Arbeitern und
einzelnen Bourgeoisien nehmen immer mehr den Charakter
von Zusammenstößen zwischen zwei Klassen an**

az egyes munkások és az egyéni burzsoázia összeütközései
egyre inkább két osztály összeütközésének jellegét öltik
magukra

**Darauf beginnen die Arbeiter, sich gegen die Bourgeoisie zu
verbünden (Gewerkschaften)**

Erre a munkások elkezdenek szövetségeket
(szakszervezeteket) alakítani a burzsoázia ellen

Sie schließen sich zusammen, um die Löhne hoch zu halten

Összefognak, hogy fenntartsák a bérek mértékét

**sie gründeten ständige Vereinigungen, um für diese
gelegentlichen Revolten im voraus Vorsorge zu treffen**

állandó egyesületeket alapítottak annak érdekében, hogy
előzetesen intézkedjenek ezekről az alkalmi felkelésekről

Hier und da bricht der Wettkampf in Ausschreitungen aus

A verseny itt-ott zavargásokba torkollik

**Hin und wieder siegen die Arbeiter, aber nur für eine
gewisse Zeit**

Időnként a munkások győzedelmeskednek, de csak egy időre

**Die wirkliche Frucht ihrer Kämpfe liegt nicht in den
unmittelbaren Ergebnissen, sondern in der immer größer
werdenden Vereinigung der Arbeiter**

Harcaik igazi gyümölcse nem a közvetlen eredményben rejlik,
hanem a munkások egyre bővülő szakszervezetében

Diese Vereinigung wird durch die verbesserten Kommunikationsmittel unterstützt, die von der modernen Industrie geschaffen werden
Ezt az uniót segítik a modern ipar által létrehozott fejlett kommunikációs eszközök
Die moderne Kommunikation bringt die Arbeiter verschiedener Orte miteinander in Kontakt
A modern kommunikáció kapcsolatba hozza egymással a különböző települések dolgozóit
Es war gerade dieser Kontakt, der nötig war, um die zahlreichen lokalen Kämpfe zu einem nationalen Kampf zwischen den Klassen zu zentralisieren
Éppen erre a kapcsolatra volt szükség ahhoz, hogy a számos helyi harcot egyetlen nemzeti osztályharcban egyesítsék
Alle diese Kämpfe haben den gleichen Charakter, und jeder Klassenkampf ist ein politischer Kampf
Mindezek a harcok azonos jellegűek, és minden osztályharc politikai harc
die Bürger des Mittelalters mit ihren elenden Landstraßen brauchten Jahrhunderte, um ihre Vereinigungen zu bilden
a középkori polgároknak, nyomorúságos autópályáikkal, évszázadokra volt szükségük szakszervezeteik kialakításához
Die modernen Proletarier erreichen dank der Eisenbahn ihre Gewerkschaften innerhalb weniger Jahre
A modern proletárok a vasútnak köszönhetően néhány éven belül elérik szakszervezeteiket
Diese Organisation der Proletarier zu einer Klasse formte sie folglich zu einer politischen Partei
A proletároknak ez az osztályba szerveződése politikai párttá formálta őket
Die politische Klasse wird immer wieder durch die Konkurrenz zwischen den Arbeitern selbst verärgert
A politikai osztályt újra és újra felzaklatja a munkások közötti verseny
Aber die politische Klasse erhebt sich weiter, stärker, fester, mächtiger

De a politikai osztály újra felemelkedik, erősebbé, szilárdabbá, hatalmasabbá

Er zwingt zur gesetzgeberischen Anerkennung der besonderen Interessen der Arbeitnehmer

Kikényszeríti a munkavállalók sajátos érdekeinek jogszabályi elismerését

sie tut dies, indem sie sich die Spaltungen innerhalb der Bourgeoisie selbst zunutze macht

ezt úgy teszi, hogy kihasználja a burzsoázia közötti megosztottságot

Damit wurde das Zehnstundengesetz in England in Kraft gesetzt

Így Angliában törvénybe iktatták a tízórás törvényjavaslatot

in vielerlei Hinsicht ist der Zusammenstoß zwischen den Klassen der alten Gesellschaft ferner der Entwicklungsgang des Proletariats

a régi társadalom osztályai közötti ütközések sok tekintetben a proletariátus fejlődésének menetét jelentik

Die Bourgeoisie befindet sich in einem ständigen Kampf

A burzsoázia állandó harcban találja magát

Zuerst wird sie sich in einem ständigen Kampf mit der Aristokratie wiederfinden

Eleinte állandó harcban találja magát az arisztokráciával

später wird sie sich in einem ständigen Kampf mit diesen Teilen der Bourgeoisie selbst wiederfinden

később állandó harcban fog állni magával a burzsoáziával

und ihre Interessen werden dem Fortschritt der Industrie entgegengesetzt sein

és érdekeik ellenségessé válnak az ipar fejlődésével szemben

zu allen Zeiten werden ihre Interessen mit der Bourgeoisie fremder Länder in Konflikt geraten sein

érdekeik mindenkor ellenségessé válnak a külföldi országok burzsoáziájával

In allen diesen Kämpfen sieht sie sich genötigt, an das Proletariat zu appellieren, und bittet es um Hilfe

Mindezekben a harcokban arra kényszerül, hogy a proletariátushoz forduljon, és a segítségét kéri

Und so wird sie sich gezwungen sehen, sie in die politische Arena zu zerren

és így kénytelen lesz belerángatni a politikai arénába

Die Bourgeoisie selbst versorgt also das Proletariat mit ihren eigenen Instrumenten der politischen und allgemeinen Erziehung

Ezért maga a burzsoázia látja el a proletariátust a maga politikai és általános oktatási eszközeivel

mit anderen Worten, sie liefert dem Proletariat Waffen für den Kampf gegen die Bourgeoisie

más szóval, fegyverekkel látja el a proletariátust a burzsoázia elleni harchoz

Ferner werden, wie wir schon gesehen haben, ganze Schichten der herrschenden Klassen in das Proletariat hineingestürzt

Továbbá, mint már láttuk, az uralkodó osztályok egész részei csapódnak be a proletariátusba

der Fortschritt der Industrie saugt sie in das Proletariat hinein

az ipar fejlődése beszippantja őket a proletariátusba

oder zumindest sind sie in ihren Existenzbedingungen bedroht

vagy legalábbis létfeltételeikben fenyegetve vannak

Diese versorgen auch das Proletariat mit frischen Elementen der Aufklärung und des Fortschritts

Ezek látják el a proletariátust a felvilágosodás és a haladás új elemeivel is

Endlich, in Zeiten, in denen sich der Klassenkampf der entscheidenden Stunde nähert

Végül, amikor az osztályharc a döntő órához közeledik

Der Auflösungsprozess innerhalb der herrschenden Klasse

Az uralkodó osztályon belül zajló felbomlási folyamat

In der Tat wird die Auflösung, die sich innerhalb der herrschenden Klasse vollzieht, in der gesamten Bandbreite der Gesellschaft zu spüren sein

Valójában az uralkodó osztályon belül zajló felbomlás a társadalom egész területén érezhető lesz

Sie wird einen so gewalttätigen, krassen Charakter annehmen, dass ein kleiner Teil der herrschenden Klasse sich selbst abtreibt

Olyan erőszakos, kirívó jelleget fog ölteni, hogy az uralkodó osztály egy kis része elvágja magát

Und diese herrschende Klasse wird sich der revolutionären Klasse anschließen

és ez az uralkodó osztály csatlakozni fog a forradalmi osztályhoz

Die revolutionäre Klasse ist die Klasse, die die Zukunft in ihren Händen hält

A forradalmi osztály az az osztály, amely kezében tartja a jövőt

Wie in früheren Zeiten ging ein Teil des Adels zur Bourgeoisie über

Csakúgy, mint egy korábbi időszakban, a nemesség egy része átment a burzsoáziába

ebenso wird ein Teil der Bourgeoisie zum Proletariat übergehen

ugyanúgy, ahogy a burzsoázia egy része átmegy a proletariátusba

insbesondere wird ein Teil der Bourgeoisie zu einem Teil der Bourgeoisie Ideologen übergehen

különösen a burzsoázia egy része fog átmenni a burzsoázia ideológusainak egy részéhez

Bourgeoisie Ideologen, die sich auf die Ebene erhoben haben, die historische Bewegung als Ganzes theoretisch zu begreifen

A burzsoázia ideológusai, akik arra a szintre emelkedtek, hogy elméletileg megértsék a történelmi mozgalom egészét

Von allen Klassen, die heute der Bourgeoisie gegenüberstehen, ist das Proletariat allein eine wirklich revolutionäre Klasse

Mindazon osztályok közül, amelyek ma szemtől szemben állnak a burzsoáziával, egyedül a proletariátus valóban forradalmi osztály

Die anderen Klassen zerfallen und verschwinden schließlich im Angesicht der modernen Industrie

A többi osztály hanyatlik és végül eltűnik a modern iparral szemben

das Proletariat ist ihr besonderes und wesentliches Produkt

a proletariátus különleges és lényeges terméke

Die untere Mittelschicht, der kleine Fabrikant, der Ladenbesitzer, der Handwerker, der Bauer

Az alsó középosztály, a kisiparos, a boltos, a kézműves, a paraszt

all diese Kämpfe gegen die Bourgeoisie

mindezek a burzsoázia ellen harcolnak

Sie kämpfen als Fraktionen der Mittelschicht, um sich vor dem Aussterben zu retten

A középosztály frakcióiként harcolnak, hogy megmentsék magukat a kihalástól

Sie sind also nicht revolutionär, sondern konservativ

Ezért nem forradalmiak, hanem konzervatívak

Ja, mehr noch, sie sind reaktionär, denn sie versuchen, das Rad der Geschichte zurückzudrehen

Sőt, reakciósak, mert megpróbálják visszaforgatni a történelem kerekét

Wenn sie zufällig revolutionär sind, so sind sie es nur im Hinblick auf ihre bevorstehende Überführung in das Proletariat

Ha véletlenül forradalmiak, csak a proletariátusba való közelgő áthelyezésük miatt azok;

Sie verteidigen also nicht ihre gegenwärtigen, sondern ihre zukünftigen Interessen

Így nem a jelenüket, hanem a jövőbeli érdekeiket védik

sie verlassen ihren eigenen Standpunkt, um sich auf den des Proletariats zu stellen

elhagyják saját álláspontjukat, hogy a proletariátus álláspontjához igazodjanak

Die »gefährliche Klasse«, der soziale Abschaum, diese passiv verrottende Masse, die von den untersten Schichten der alten Gesellschaft abgeworfen wird

A "veszélyes osztály", a társadalmi söpredék, az a passzívan rothadó tömeg, amelyet a régi társadalom legalsóbb rétegei dobtak le

sie können hier und da von einer proletarischen Revolution in die Bewegung hineingerissen werden

Itt-ott a proletárforradalom söpörheti be őket a mozgalomba

Seine Lebensbedingungen bereiten ihn jedoch viel mehr auf die Rolle eines bestochenen Werkzeugs reaktionärer Intrigen vor

Életkörülményei azonban sokkal inkább felkészítik a reakciós intrika megvesztegetett eszközének szerepére

In den Verhältnissen des Proletariats sind die Verhältnisse der alten Gesellschaft im Allgemeinen bereits praktisch überschwemmt

A proletariátus viszonyai között a régi társadalom egésze már gyakorlatilag el van árasztva

Der Proletarier ist ohne Eigentum

A proletár tulajdon nélkül van

sein Verhältnis zu Frau und Kindern hat mit den Familienverhältnissen der Bourgeoisie nichts mehr gemein

feleségéhez és gyermekeihez való viszonyának már semmi köze sincs a burzsoázia családi viszonyaihoz;

moderne industrielle Arbeit, moderne Unterwerfung unter das Kapital, dasselbe in England wie in Frankreich, in Amerika wie in Deutschland

modern ipari munka, modern alávetettség a tőkének, ugyanaz Angliában, mint Franciaországban, Amerikában éppúgy, mint Németországban

Seine Stellung in der Gesellschaft hat ihm jede Spur von nationalem Charakter genommen
Társadalmi helyzete megfosztotta őt a nemzeti jellem minden nyomától
Gesetz, Moral, Religion sind für ihn so viele Bourgeoisie Vorurteile
A törvény, az erkölcs, a vallás megannyi burzsoázia előítélet számára
und hinter diesen Vorurteilen lauern ebenso viele Bourgeoisie Interessen
és ezen előítéletek mögött éppúgy lesben lappang a burzsoázia érdeke
Alle vorhergehenden Klassen, die die Oberhand gewannen, versuchten, ihren bereits erworbenen Status zu festigen
Az összes korábbi osztály, amely fölénybe került, arra törekedett, hogy megerősítse már megszerzett státuszát
Sie taten dies, indem sie die Gesellschaft als Ganzes ihren Aneignungsbedingungen unterwarfen
Ezt úgy tették, hogy a társadalom egészét alávetették a kisajátítás feltételeinek
Die Proletarier können nicht Herren der Produktivkräfte der Gesellschaft werden
A proletárok nem válhatnak a társadalom termelőerőinek uraivá
Sie kann dies nur tun, indem sie ihre eigene bisherige Aneignungsweise abschafft
Ezt csak úgy teheti meg, ha eltörli saját korábbi kisajátítási módját
Und damit hebt sie auch jede andere bisherige Aneignungsweise auf
és ezáltal eltöröl minden más korábbi kisajátítási módot is
Sie haben nichts Eigenes zu sichern und zu festigen
Nincs semmijük, amit biztosítanának és megerősíthetnének
Ihre Aufgabe ist es, alle bisherigen Sicherheiten und Versicherungen für individuelles Eigentum zu vernichten

Küldetésük az, hogy megsemmisítsék az egyéni tulajdonra
vonatkozó összes korábbi biztosítékot és biztosítást
**Alle bisherigen historischen Bewegungen waren
Bewegungen von Minderheiten**
Minden korábbi történelmi mozgalom kisebbségi mozgalom
volt
**oder es handelte sich um Bewegungen im Interesse von
Minderheiten**
vagy kisebbségek érdekeit szolgáló mozgalmak voltak
**Die proletarische Bewegung ist die selbstbewusste,
selbständige Bewegung der ungeheuren Mehrheit**
A proletármozgalom a hatalmas többség öntudatos, független
mozgalma
Und es ist eine Bewegung im Interesse der großen Mehrheit
és ez a mozgalom a hatalmas többség érdekeit szolgálja
**Das Proletariat, die unterste Schicht unserer heutigen
Gesellschaft**
A proletariátus, jelenlegi társadalmunk legalsó rétege
**Sie kann sich nicht regen oder erheben, ohne daß die ganze
übergeordnete Schicht der offiziellen Gesellschaft in die
Luft geschleudert wird**
Nem mozdulhat meg és nem emelkedhet fel anélkül, hogy a
hivatalos társadalom egész felsőbbrendű rétegei a levegőbe ne
emelkednének
**Der Kampf des Proletariats mit der Bourgeoisie ist, wenn
auch nicht der Substanz nach, doch zunächst ein nationaler
Kampf**
A proletariátus harca a burzsoáziával, ha nem is lényegében,
de formájában, de eleinte nemzeti harc
**Das Proletariat eines jeden Landes muss natürlich vor allem
mit seiner eigenen Bourgeoisie abrechnen**
Minden ország proletariátusának természetesen
mindenekelőtt a saját burzsoáziájával kell rendeznie a
dolgokat

Indem wir die allgemeinsten Phasen der Entwicklung des Proletariats schilderten, verfolgten wir den mehr oder weniger verhüllten Bürgerkrieg

A proletariátus fejlődésének legáltalánosabb fázisainak ábrázolásakor nyomon követtük a többé-kevésbé leplezett polgárháborút

Diese Zivilgesellschaft wütet in der bestehenden Gesellschaft

Ez a civil tombol a létező társadalomban

Er wird bis zu dem Punkt wüten, an dem dieser Krieg in eine offene Revolution ausbricht

addig a pontig fog tombolni, ahol a háború nyílt forradalommá tör ki

und dann legt der gewaltsame Sturz der Bourgeoisie die Grundlage für die Herrschaft des Proletariats

és akkor a burzsoázia erőszakos megdöntése megalapozza a proletariátus uralmát

Bisher beruhte jede Gesellschaftsform, wie wir bereits gesehen haben, auf dem Antagonismus unterdrückender und unterdrückter Klassen

Eddig a társadalom minden formája, mint már láttuk, az elnyomó és elnyomott osztályok antagonizmusán alapult

Um aber eine Klasse zu unterdrücken, müssen ihr gewisse Bedingungen zugesichert werden

De ahhoz, hogy egy osztályt elnyomjanak, bizonyos feltételeket biztosítani kell számára

Die Klasse muss unter Bedingungen gehalten werden, unter denen sie wenigstens ihre sklavische Existenz fortsetzen kann

Az osztályt olyan körülmények között kell tartani, amelyek között legalább szolgai létét folytathatja

Der Leibeigene erhob sich in der Zeit der Leibeigenschaft zum Mitglied der Kommune

A jobbágy a jobbágy időszakában a község tagságára emelkedett

so wie es dem Kleinbourgeoisie unter dem Joch des feudalen Absolutismus gelang, sich zur Bourgeoisie zu entwickeln

mint ahogy a kispolgárságnak a feudális abszolutizmus igája alatt sikerült burzsoáziává fejlődnie

Der moderne Arbeiter dagegen sinkt, anstatt sich mit dem Fortschritt der Industrie zu erheben, immer tiefer

A modern munkás ezzel szemben ahelyett, hogy az ipar fejlődésével együtt emelkedne, egyre mélyebbre és mélyebbre süllyed

Er sinkt unter die Existenzbedingungen seiner eigenen Klasse

saját osztályának létfeltételei alá süllyed

Er wird ein Bettler, und der Pauperismus entwickelt sich schneller als Bevölkerung und Reichtum

Szegénysé válik, és a pauperizmus gyorsabban fejlődik, mint a népesség és a gazdagság

Und hier zeigt sich, dass die Bourgeoisie nicht mehr geeignet ist, die herrschende Klasse in der Gesellschaft zu sein

És itt nyilvánvalóvá válik, hogy a burzsoázia alkalmatlan arra, hogy a társadalom uralkodó osztálya legyen

und sie ist ungeeignet, der Gesellschaft ihre Existenzbedingungen als übergeordnetes Gesetz aufzuzwingen

és alkalmatlan arra, hogy létfeltételeit mindenek felett álló törvényként ráerőltesse a társadalomra

Sie ist unfähig zu herrschen, weil sie unfähig ist, ihrem Sklaven in seiner Sklaverei eine Existenz zu sichern

Alkalmatlan az uralkodásra, mert képtelen létet biztosítani rabszolgájának rabszolgaságában

denn sie kann nicht anders, als ihn in einen solchen Zustand sinken zu lassen, daß sie ihn ernähren muss, statt von ihm gefüttert zu werden

Mert nem tehet róla, hogy olyan állapotba süllyed, hogy táplálnia kell, ahelyett, hogy ő táplálná

Die Gesellschaft kann nicht länger unter dieser Bourgeoisie leben

A társadalom nem élhet tovább ebben a burzsoáziában

Mit anderen Worten, ihre Existenz ist nicht mehr mit der Gesellschaft vereinbar

Más szóval, létezése már nem egyeztethető össze a társadalommal

Die wesentliche Bedingung für die Existenz und die Herrschaft der Bourgeoisie Klasse ist die Bildung und Vermehrung des Kapitals

A burzsoázia osztály létének és befolyásának lényeges feltétele a tőke kialakulása és gyarapítása

Die Bedingung für das Kapital ist Lohnarbeit

A tőke feltétele a bérmunka

Die Lohnarbeit beruht ausschließlich auf der Konkurrenz zwischen den Arbeitern

A bérmunka kizárólag a munkások közötti versenyen alapul

Der Fortschritt der Industrie, deren unfreiwilliger Förderer die Bourgeoisie ist, tritt an die Stelle der Isolierung der Arbeiter

Az ipar haladása, amelynek önkéntelen támogatója a burzsoázia, felváltja a munkások elszigeteltségét

durch die Konkurrenz, durch ihre revolutionäre Kombination, durch die Assoziation

a verseny miatt, forradalmi kombinációjuk miatt, társulásuk miatt

Die Entwicklung der modernen Industrie schneidet ihr die Grundlage unter den Füßen weg, auf der die Bourgeoisie Produkte produziert und sich aneignet

A modern ipar fejlődése kivágja lába alól azt az alapot, amelyen a burzsoázia termékeket állít elő és sajátít ki

Was die Bourgeoisie vor allem produziert, sind ihre eigenen Totengräber

Amit a burzsoázia mindenekelőtt termel, az a saját sírásói

Der Sturz der Bourgeoisie und der Sieg des Proletariats sind gleichermaßen unvermeidlich

A burzsoázia bukása és a proletariátus győzelme egyaránt elkerülhetetlen

Proletarier und Kommunisten
Proletárok és kommunisták
In welchem Verhältnis stehen die Kommunisten zu den Proletariern insgesamt?
Milyen viszonyban állnak a kommunisták a proletárok egészével?

Die Kommunisten bilden keine eigene Partei, die anderen Arbeiterparteien entgegengesetzt ist
A kommunisták nem alkotnak külön pártot a többi munkáspárttal szemben

Sie haben keine Interessen, die von denen des Proletariats als Ganzes getrennt und getrennt sind
Nincsenek a proletariátus egészének érdekeitől elkülönülő érdekeik

Sie stellen keine eigenen sektiererischen Prinzipien auf, nach denen sie die proletarische Bewegung formen und formen könnten
Nem állítanak fel saját szektás elveket, amelyek alapján a proletármozgalmat alakíthatnák és formálhatnák

Die Kommunisten unterscheiden sich von den anderen Arbeiterparteien nur durch zwei Dinge
A kommunistákat csak két dolog különbözteti meg a többi munkásosztálybeli párttól

Erstens: Sie weisen auf die gemeinsamen Interessen des gesamten Proletariats hin und bringen sie in den Vordergrund, unabhängig von jeder Nationalität
Először is rámutatnak és előtérbe helyezik az egész proletariátus közös érdekeit, nemzetiségre való tekintet nélkül

Das tun sie in den nationalen Kämpfen der Proletarier der verschiedenen Länder
Ezt teszik a különböző országok proletárjainak nemzeti harcaiban

Zweitens vertreten sie immer und überall die Interessen der gesamten Bewegung
Másodszor, mindig és mindenhol képviselik a mozgalom egészének érdekeit

**das tun sie in den verschiedenen Entwicklungsstadien, die
der Kampf der Arbeiterklasse gegen die Bourgeoisie zu
durchlaufen hat**
ezt teszik a fejlődés különböző fokain, amelyeken a
munkásosztálynak a burzsoázia ellen folytatott harcának
keresztül kell mennie
**Die Kommunisten sind also auf der einen Seite praktisch
der fortschrittlichste und entschiedenste Teil der
Arbeiterparteien eines jeden Landes**
A kommunisták tehát gyakorlatilag minden ország
munkáspártjainak legfejlettebb és legelszántabb részét alkotják
**Sie sind der Teil der Arbeiterklasse, der alle anderen
vorantreibt**
Ők a munkásosztálynak az a része, amely minden mást
előretol
**Theoretisch haben sie auch den Vorteil, dass sie die
Marschlinie klar verstehen**
Elméletileg az az előnyük is, hogy világosan megértik a
menetvonalat
**Das verstehen sie besser im Vergleich zu der großen Masse
des Proletariats**
Ezt jobban megértik, mint a proletariátus nagy tömegét
**Sie verstehen die Bedingungen und die letzten allgemeinen
Ergebnisse der proletarischen Bewegung**
Megértik a proletármozgalom feltételeit és végső általános
eredményeit
**Das unmittelbare Ziel des Kommunisten ist dasselbe wie
das aller anderen proletarischen Parteien**
A kommunisták közvetlen célja ugyanaz, mint az összes többi
proletár párté
Ihr Ziel ist die Formierung des Proletariats zu einer Klasse
Céljuk a proletariátus osztállyá alakítása
**sie zielen darauf ab, die Vorherrschaft der Bourgeoisie zu
stürzen**
céljuk a burzsoázia felsőbbrendűségének megdöntése

das Streben nach politischer Machteroberung durch das Proletariat

törekvés a politikai hatalom proletariátus általi meghódítására

Die theoretischen Schlußfolgerungen der Kommunisten beruhen in keiner Weise auf Ideen oder Prinzipien der Reformer

A kommunisták elméleti következtetései semmiképpen sem a reformerek eszméin vagy elvein alapulnak

es waren keine Möchtegern-Universalreformer, die die theoretischen Schlussfolgerungen der Kommunisten erfunden oder entdeckt haben

nem a leendő egyetemes reformerek találták ki vagy fedezték fel a kommunisták elméleti következtetéseit

Sie drücken lediglich in allgemeinen Begriffen tatsächliche Verhältnisse aus, die aus einem bestehenden Klassenkampf hervorgehen

Csupán általánosságban fejezik ki a létező osztályharcból eredő tényleges viszonyokat

Und sie beschreiben die historische Bewegung, die sich unter unseren Augen abspielt und die diesen Klassenkampf hervorgebracht hat

És leírják azt a történelmi mozgalmat, amely a szemünk előtt zajlik, és amely ezt az osztályharcot létrehozta

Die Abschaffung bestehender Eigentumsverhältnisse ist keineswegs ein charakteristisches Merkmal des Kommunismus

A meglévő tulajdonviszonyok eltörlése egyáltalán nem a kommunizmus megkülönböztető jellemzője

Alle Eigentumsverhältnisse in der Vergangenheit waren einem ständigen historischen Wandel unterworfen

A múltban minden tulajdonviszony folyamatosan történelmi változásoknak volt kitéve

Und diese Veränderungen waren eine Folge der Veränderung der historischen Bedingungen

és e változások a történelmi körülmények változásának következményei voltak

Die Französische Revolution zum Beispiel schaffte das Feudaleigentum zugunsten des Bourgeoisie Eigentums ab
A francia forradalom például eltörölte a feudális tulajdont a burzsoázia tulajdonának javára
Das Unterscheidungsmerkmal des Kommunismus ist nicht die Abschaffung des Eigentums im Allgemeinen
A kommunizmus megkülönböztető jellemzője általában nem a tulajdon eltörlése
aber das Unterscheidungsmerkmal des Kommunismus ist die Abschaffung des Bourgeoisie Eigentums
de a kommunizmus megkülönböztető jellemzője a burzsoázia tulajdonának eltörlése
Aber das Privateigentum der modernen Bourgeoisie ist der letzte und vollständigste Ausdruck des Systems der Produktion und Aneignung von Produkten
De a modern burzsoázia magántulajdona a termékek előállítási és kisajátítási rendszerének végső és legteljesebb kifejeződése
Es ist der Endzustand eines Systems, das auf Klassengegensätzen beruht, wobei der Klassenantagonismus die Ausbeutung der Vielen durch die Wenigen ist
Ez egy olyan rendszer végső állapota, amely osztályellentéteken alapul, ahol az osztályantagonizmus a sokak kevesek általi kizsákmányolása
In diesem Sinne läßt sich die Theorie der Kommunisten in einem einzigen Satz zusammenfassen; die Abschaffung des Privateigentums
Ebben az értelemben a kommunisták elmélete egyetlen mondatban összefoglalható; a magántulajdon eltörlése
Uns Kommunisten hat man vorgeworfen, das Recht auf persönlichen Eigentumserwerb abschaffen zu wollen
Nekünk, kommunistáknak szemünkre vetették, hogy el akarják törölni a személyes tulajdonszerzés jogát
Es wird behauptet, dass diese Eigenschaft die Frucht der eigenen Arbeit eines Menschen ist

Azt állítják, hogy ez a tulajdonság az ember saját munkájának gyümölcse

Und diese Eigenschaft soll die Grundlage aller persönlichen Freiheit, Aktivität und Unabhängigkeit sein.

És ez a tulajdonság állítólag minden személyes szabadság, tevékenység és függetlenség alapja.

"Hart erkämpftes, selbst erworbenes, selbst verdientes Eigentum!"

"Nehezen megszerzett, saját maga által szerzett, saját maga által megszerzett tulajdon!"

Meinst du das Eigentum des kleinen Handwerkers und des Kleinbauern?

A kisiparos és a kisparaszt tulajdonára gondol?

Meinen Sie eine Form des Eigentums, die der Bourgeoisie Form vorausging?

Olyan tulajdonformára gondol, amely megelőzte a burzsoázia formáját?

Es ist nicht nötig, sie abzuschaffen, die Entwicklung der Industrie hat sie zum großen Teil bereits zerstört

Ezt nem kell eltörölni, az ipar fejlődése már nagyrészt tönkretette

Und die Entwicklung der Industrie zerstört sie immer noch täglich

és az ipar fejlődése még mindig naponta pusztítja

Oder meinen Sie das moderne Bourgeoisie Privateigentum?

Vagy a modern burzsoázia magántulajdonára gondol?

Aber schafft die Lohnarbeit irgendein Eigentum für den Arbeiter?

De teremt-e a bérmunka bármilyen tulajdont a munkás számára?

Nein, die Lohnarbeit schafft nicht ein bisschen von dieser Art von Eigentum!

Nem, a bérmunka egy cseppet sem teremt ilyen tulajdonból!

Was Lohnarbeit schafft, ist Kapital; jene Art von Eigentum, das Lohnarbeit ausbeutet

amit a bérmunka létrehoz, az a tőke; az a fajta tulajdon, amely
kizsákmányolja a bérmunkát

**Das Kapital kann sich nur unter der Bedingung vermehren,
daß es ein neues Angebot an Lohnarbeit für neue
Ausbeutung erzeugt**

A tőke csak azzal a feltétellel növekedhet, hogy új bérmunka-
kínálatot teremt az új kizsákmányoláshoz

**Das Eigentum in seiner jetzigen Form beruht auf dem
Antagonismus von Kapital und Lohnarbeit**

A tulajdon jelenlegi formájában a tőke és a bérmunka
antagonizmusán alapul

Betrachten wir beide Seiten dieses Antagonismus

Vizsgáljuk meg ennek az antagonizmusnak mindkét oldalát

**Kapitalist zu sein bedeutet nicht nur, einen rein
persönlichen Status zu haben**

Kapitalistának lenni nem csak azt jelenti, hogy tisztán
személyes státusszal rendelkezünk

**Stattdessen bedeutet Kapitalist zu sein auch, einen sozialen
Status in der Produktion zu haben**

Ehelyett kapitalistának lenni azt is jelenti, hogy társadalmi
státusszal rendelkezünk a termelésben

**weil Kapital ein kollektives Produkt ist; Nur durch das
gemeinsame Handeln vieler Mitglieder kann sie in Gang
gesetzt werden**

mert a tőke kollektív termék; Csak sok képviselő egyesült
fellépésével lehet mozgásba hozni

**Aber dieses gemeinsame Handeln ist der letzte Ausweg und
erfordert eigentlich alle Mitglieder der Gesellschaft**

De ez az egységes fellépés végső megoldás, és valójában a
társadalom minden tagjára szükség van

**Das Kapital verwandelt sich in das Eigentum aller
Mitglieder der Gesellschaft**

A tőke a társadalom minden tagjának tulajdonává alakul

**aber das Kapital ist also keine persönliche Macht; Es ist eine
gesellschaftliche Macht**

de a Tőke ezért nem személyes hatalom; Ez egy társadalmi
hatalom

**Wenn also Kapital in gesellschaftliches Eigentum
umgewandelt wird, so verwandelt sich dadurch nicht
persönliches Eigentum in gesellschaftliches Eigentum**

Tehát amikor a tőkét társadalmi tulajdonná alakítják át, a
személyes tulajdon nem alakul át társadalmi tulajdonná

**Nur der gesellschaftliche Charakter des Eigentums wird
verändert und verliert seinen Klassencharakter**

Csak a tulajdon társadalmi jellege változik meg, és veszíti el
osztályjellegét

Betrachten wir nun die Lohnarbeit

Nézzük most a bérmunkát

**Der Durchschnittspreis der Lohnarbeit ist der Mindestlohn,
d.h. das Quantum der Lebensmittel**

A bérmunka átlagára a minimálbér, azaz a létfenntartási
eszközök mennyisége

**Dieser Lohn ist für die bloße Existenz als Arbeiter absolut
notwendig**

Ez a bér feltétlenül szükséges a puszta léthez, mint munkás

**Was sich also der Lohnarbeiter durch seine Arbeit aneignet,
genügt nur, um ein bloßes Dasein zu verlängern und zu
reproduzieren**

Amit tehát a bérmunkás munkájával kisajátít, az csupán a
puszta lét meghosszabbításához és újratermeléséhez elegendő

**Wir beabsichtigen keineswegs, diese persönliche
Aneignung der Arbeitsprodukte abzuschaffen**

Semmi esetre sem áll szándékunkban megszüntetni a
munkatermékeknek ezt a személyes kisajátítását

**eine Aneignung, die für die Erhaltung und Reproduktion
des menschlichen Lebens bestimmt ist**

az emberi élet fenntartására és újratermelésére szolgáló
előirányzat

**Eine solche persönliche Aneignung der Arbeitsprodukte
lässt keinen Überschuss übrig, mit dem man die Arbeit
anderer befehlen könnte**

A munkatermékek ilyen személyes kisajátítása nem hagy
többletet, amellyel mások munkáját irányíthatná
**Alles, was wir beseitigen wollen, ist der erbärmliche
Charakter dieser Aneignung**
Minden, amit meg akarunk szüntetni, az ennek a
kisajátításnak a nyomorúságos jellege
**die Aneignung, unter der der Arbeiter lebt, bloß um das
Kapital zu vermehren**
az a kisajátítás, amely alatt a munkavállaló él, pusztán
tőkeemelés céljából
**Er darf nur leben, soweit es das Interesse der herrschenden
Klasse erfordert**
csak addig élhet, ameddig az uralkodó osztály érdekei
megkívánják
**In der Bourgeoisie Gesellschaft ist die lebendige Arbeit nur
ein Mittel, um die akkumulierte Arbeit zu vermehren**
A burzsoázia társadalmában az élő munka csak eszköz a
felhalmozott munka növelésére
**In der kommunistischen Gesellschaft ist die akkumulierte
Arbeit nur ein Mittel, um die Existenz des Arbeiters zu
erweitern, zu bereichern und zu fördern**
A kommunista társadalomban a felhalmozott munka nem
más, mint eszköz a munkás kiszélesítésére, gazdagítására,
létének előmozdítására
**In der Bourgeoisie Gesellschaft dominiert daher die
Vergangenheit die Gegenwart**
A burzsoázia társadalmában tehát a múlt uralja a jelent
**In der kommunistischen Gesellschaft dominiert die
Gegenwart die Vergangenheit**
a kommunista társadalomban a jelen uralja a múltat
**In der Bourgeoisie Gesellschaft ist das Kapital unabhängig
und hat Individualität**
A burzsoázia társadalmában a tőke független és egyénisége
van
**In der Bourgeoisie Gesellschaft ist der lebende Mensch
abhängig und hat keine Individualität**

A burzsoázia társadalmában az élő személy függő és nincs egyénisége

Und die Abschaffung dieses Zustandes wird von der Bourgeoisie als Abschaffung der Individualität und Freiheit bezeichnet!

És ennek az állapotnak az eltörlését a burzsoázia az egyéniség és a szabadság megszüntetésének nevezi!

Und man nennt sie mit Recht die Abschaffung von Individualität und Freiheit!

És joggal nevezik az egyéniség és a szabadság eltörlésének!

Der Kommunismus strebt die Abschaffung der Bourgeoisie Individualität an

A kommunizmus célja a burzsoázia individualitásának megszüntetése

Der Kommunismus strebt die Abschaffung der Unabhängigkeit der Bourgeoisie an

A kommunizmus meg akarja szüntetni a burzsoázia függetlenségét

Die BourgeoisieFreiheit ist zweifellos das, was der Kommunismus anstrebt

A burzsoázia szabadsága kétségtelenül az, amire a kommunizmus törekszik

unter den gegenwärtigen Bourgeoisie Produktionsbedingungen bedeutet Freiheit freien Handel, freien Verkauf und freien Kauf

a burzsoázia jelenlegi termelési viszonyai között a szabadság szabad kereskedelmet, szabad eladást és vásárlást jelent

Aber wenn das Verkaufen und Kaufen verschwindet, verschwindet auch das freie Verkaufen und Kaufen

De ha az adásvétel eltűnik, a szabad eladás és vásárlás is eltűnik

"Mutige Worte" der Bourgeoisie über den freien Verkauf und Kauf haben nur eine begrenzte Bedeutung

A burzsoázia "bátor szavainak" a szabad adásvételről csak korlátozott értelemben van értelmük

Diese Worte haben nur im Gegensatz zu eingeschränktem Verkauf und Kauf eine Bedeutung

Ezeknek a szavaknak csak a korlátozott eladással és vásárlással ellentétben van jelentésük

und diese Worte haben nur dann eine Bedeutung, wenn sie auf die gefesselten Händler des Mittelalters angewandt werden

és ezeknek a szavaknak csak akkor van jelentésük, ha a középkor megbéklyózott kereskedőire alkalmazzák őket

und das setzt voraus, dass diese Worte überhaupt eine Bedeutung im Bourgeoisie Sinne haben

és ez feltételezi, hogy ezeknek a szavaknak burzsoázia értelemben is van jelentésük

aber diese Worte haben keine Bedeutung, wenn sie gebraucht werden, um sich gegen die kommunistische Abschaffung des Kaufens und Verkaufens zu wehren

de ezeknek a szavaknak nincs jelentésük, amikor a vétel és eladás kommunista eltörlése ellen használják őket

die Worte haben keine Bedeutung, wenn sie gebraucht werden, um sich gegen die Abschaffung der Bourgeoisie Produktionsbedingungen zu wehren

a szavaknak nincs értelmük, amikor a burzsoázia termelési feltételeinek eltörlése ellen használják őket

und sie haben keine Bedeutung, wenn sie benutzt werden, um sich gegen die Abschaffung der Bourgeoisie selbst zu wehren

és nincs értelmük, amikor a burzsoázia felszámolása ellen használják őket

Sie sind entsetzt über unsere Absicht, das Privateigentum abzuschaffen

Elborzadsz attól, hogy meg akarjuk szüntetni a magántulajdont

Aber in eurer jetzigen Gesellschaft ist das Privateigentum für neun Zehntel der Bevölkerung bereits abgeschafft

De a jelenlegi társadalmakban a magántulajdon már megszűnt a lakosság kilenctizede számára

Die Existenz des Privateigentums für einige wenige beruht einzig und allein darauf, dass es in den Händen von neun Zehnteln der Bevölkerung nicht existiert

A kevesek magántulajdonának létezése kizárólag annak köszönhető, hogy a lakosság kilenctizedének kezében nem létezik

Sie werfen uns also vor, daß wir eine Form des Eigentums abschaffen wollen

Ön tehát szemünkre veti, hogy meg akar szüntetni egy tulajdonformát

Aber das Privateigentum erfordert für die ungeheure Mehrheit der Gesellschaft die Nichtexistenz jeglichen Eigentums

De a magántulajdon szükségessé teszi, hogy a társadalom túlnyomó többsége számára semmilyen tulajdon ne létezzen

Mit einem Wort, Sie werfen uns vor, daß wir Ihr Eigentum beseitigen wollen

Egyszóval szemrehányást tesz nekünk, hogy meg akarjuk szüntetni a tulajdonát

Und genau so ist es; Ihr Eigentum abzuschaffen, ist genau das, was wir beabsichtigen

És pontosan így van; Az ingatlan megszüntetése pontosan az, amit szándékozunk

Von dem Augenblick an, wo die Arbeit nicht mehr in Kapital, Geld oder Rente verwandelt werden kann

Attól a pillanattól kezdve, amikor a munkát már nem lehet tőkévé, pénzzé vagy bérleti díjjá alakítani

wenn die Arbeit nicht mehr in eine gesellschaftliche Macht umgewandelt werden kann, die monopolisiert werden kann

amikor a munkát már nem lehet monopolizálható társadalmi hatalommá alakítani

von dem Augenblick an, wo das individuelle Eigentum nicht mehr in Bourgeoisie Eigentum verwandelt werden kann

attól a pillanattól kezdve, amikor az egyéni tulajdon már nem alakítható át burzsoázia tulajdonná

von dem Augenblick an, wo das individuelle Eigentum
nicht mehr in Kapital verwandelt werden kann
attól a pillanattól kezdve, amikor az egyéni tulajdont már nem
lehet tőkévé alakítani
Von diesem Moment an sagst du, dass die Individualität
verschwindet
Ettől a pillanattól kezdve azt mondod, hogy az egyéniség
eltűnik
Sie müssen also gestehen, daß Sie mit »Individuum« keine
andere Person meinen als die Bourgeoisie
Meg kell tehát vallani, hogy "egyén" alatt nem mást értünk,
mint a burzsoáziát
Sie müssen zugeben, dass es sich speziell auf den
Bourgeoisie Eigentümer von Immobilien bezieht
Be kell vallania, hogy kifejezetten a középosztálybeli
ingatlantulajdonosra vonatkozik
Diese Person muss in der Tat aus dem Weg geräumt und
unmöglich gemacht werden
Ezt az embert valóban el kell söpörni az útból, és lehetetlenné
kell tenni
Der Kommunismus beraubt niemanden der Macht, sich die
Produkte der Gesellschaft anzueignen
A kommunizmus senkit sem foszt meg attól a hatalomtól,
hogy kisajátítsa a társadalom termékeit
Alles, was der Kommunismus tut, ist, ihm die Macht zu
nehmen, die Arbeit anderer durch eine solche Aneignung zu
unterjochen
a kommunizmus mindössze annyit tesz, hogy megfosztja őt
attól a hatalomtól, hogy ilyen kisajátítással leigázza mások
munkáját
Man hat eingewendet, daß mit der Abschaffung des
Privateigentums alle Arbeit aufhören werde
Ellenvetésként elhangzott, hogy a magántulajdon eltörlésével
minden munka megszűnik
Und dann wird suggeriert, dass uns die universelle Faulheit
überwältigen wird

És akkor azt sugallják, hogy az egyetemes lustaság utolér minket

Demnach hätte die BourgeoisieGesellschaft schon längst vor lauter Müßiggang vor die Hunde gehen müssen

Eszerint a burzsoázia társadalmának már régen puszta semmittevéssel kellett volna a kutyákhoz mennie

denn diejenigen ihrer Mitglieder, die arbeiten, erwerben nichts

mert azok a tagjai, akik dolgoznak, semmit sem szereznek

und diejenigen von ihren Mitgliedern, die etwas erwerben, arbeiten nicht

és azok a tagjai, akik bármit megszereznek, nem dolgoznak

Der ganze Einwand ist nur ein weiterer Ausdruck der Tautologie

Az egész ellenvetés csak a tautológia egy másik kifejeződése

Es kann keine Lohnarbeit mehr geben, wenn es kein Kapital mehr gibt

Nem létezhet többé bérmunka, ha nincs többé tőke

Es gibt keinen Unterschied zwischen materiellen und mentalen Produkten

Nincs különbség az anyagi termékek és a mentális termékek között

Der Kommunismus schlägt vor, dass beides auf die gleiche Weise produziert wird

A kommunizmus azt javasolja, hogy mindkettőt ugyanúgy állítsák elő

aber die Einwände gegen die kommunistischen Produktionsweisen sind dieselben

de az ellenvetések ezek előállításának kommunista módjai ellen ugyanazok

Für die Bourgeoisie ist das Verschwinden des Klasseneigentums das Verschwinden der Produktion selbst

a burzsoázia számára az osztálytulajdon eltűnése magának a termelésnek az eltűnése;

So ist für ihn das Verschwinden der Klassenkultur identisch mit dem Verschwinden aller Kultur

Tehát az osztálykultúra eltűnése számára azonos minden
kultúra eltűnésével

**Diese Kultur, deren Verlust er beklagt, ist für die
überwiegende Mehrheit ein bloßes Training, um als
Maschine zu agieren**

Ez a kultúra, amelynek elvesztését fájlalja, a hatalmas többség
számára puszta képzés arra, hogy gépként működjön

**Die Kommunisten haben die Absicht, die Kultur des
Bourgeoisie Eigentums abzuschaffen**

A kommunisták nagyon is meg akarják szüntetni a burzsoázia
tulajdonának kultúráját

**Aber zankt euch nicht mit uns, solange ihr den Maßstab
eurer Bourgeoisie Vorstellungen von Freiheit, Kultur, Recht
usw. anlegt**

De ne civakodj velünk mindaddig, amíg alkalmazod
burzsoáziád szabadságról, kultúráról, jogról stb. alkotott
fogalmainak mércéjét

**Eure Ideen selbst sind nur die Auswüchse der Bedingungen
eurer Bourgeoisie Produktion und eures Bourgeoisie
Eigentums**

Az Önök eszméi csak a burzsoázia termelése és a burzsoázia
tulajdona feltételeinek kinövései

**so wie eure Jurisprudenz nichts anderes ist als der Wille
eurer Klasse, der zum Gesetz für alle gemacht wurde**

Mint ahogy a jogtudományotok is más, mint osztályotok
akarata, amelyet mindenki számára törvénnyé tettek

**Der wesentliche Charakter und die Richtung dieses Willens
werden durch die ökonomischen Bedingungen bestimmt,
die Ihre soziale Klasse schafft**

Ennek az akaratnak a lényegi jellegét és irányát azok a
gazdasági feltételek határozzák meg, amelyeket társadalmi
osztályotok teremt

**Der selbstsüchtige Irrtum, der dich veranlaßt, soziale
Formen in ewige Gesetze der Natur und der Vernunft zu
verwandeln**

Az önző tévhit, amely arra késztet benneteket, hogy a
társadalmi formákat a természet és az értelem örök
törvényeivé alakítsátok át
**die gesellschaftlichen Formen, die aus eurer gegenwärtigen
Produktionsweise und Eigentumsform entspringen**
a jelenlegi termelési módotokból és tulajdonformátokból eredő
társadalmi formák
**historische Beziehungen, die im Fortschritt der Produktion
auf- und verschwinden**
történelmi kapcsolatok, amelyek emelkednek és eltűnnek a
termelés előrehaladásában
**Dieses Missverständnis teilt ihr mit jeder herrschenden
Klasse, die euch vorausgegangen ist**
Ezt a tévhitet osztjátok meg minden uralkodó osztállyal,
amely előttetek volt
**Was Sie bei antikem Eigentum klar sehen, was Sie bei
feudalem Eigentum zugeben**
Amit világosan látsz az ősi tulajdon esetében, amit elismersz a
feudális tulajdon esetében
**diese Dinge dürfen Sie natürlich nicht zugeben, wenn es
sich um Ihre eigene BourgeoisieEigentumsform handelt**
ezeket a dolgokat természetesen tilos beismerni saját
burzsoázia tulajdonformád esetében
**Abschaffung der Familie! Selbst die Radikalsten entrüsten
sich über diesen infamen Vorschlag der Kommunisten**
A család megszüntetése! Még a legradikálisabbak is
fellángolnak a kommunistáknak ezen a hírhedt javaslatán
**Auf welcher Grundlage beruht die heutige Familie, die
BourgeoisieFamilie?**
Milyen alapokra épül a jelenlegi család, a burzsoázia család?
**Die Gründung der heutigen Familie beruht auf Kapital und
privatem Gewinn**
A jelenlegi család alapja a tőke és a személyes nyereség
**In ihrer voll entwickelten Form existiert diese Familie nur
unter der Bourgeoisie**

Teljesen fejlett formájában ez a család csak a burzsoázia körében létezik

Dieser Zustand der Dinge findet seine Ergänzung in der praktischen Abwesenheit der Familie bei den Proletariern

Ez a helyzet kiegészíti a család gyakorlati hiányát a proletárok között

Dieser Zustand ist in der öffentlichen Prostitution zu finden

Ez a helyzet megtalálható a nyilvános prostitúcióban

Die BourgeoisieFamilie wird wie selbstverständlich verschwinden, wenn ihr Komplement verschwindet

A burzsoázia családja magától értetődően el fog tűnni, ha a komplementer eltűnik

Und beides wird mit dem Verschwinden des Kapitals verschwinden

és mindkét akarat el fog tűnni a tőke eltűnésével

Werfen Sie uns vor, dass wir die Ausbeutung von Kindern durch ihre Eltern stoppen wollen?

Azzal vádolnak bennünket, hogy meg akarjuk állítani a gyermekek szüleik általi kizsákmányolását?

Diesem Verbrechen bekennen wir uns schuldig

Ebben a bűntettben bűnösnek valljuk magunkat

Aber, werden Sie sagen, wir zerstören die heiligsten Beziehungen, wenn wir die häusliche Erziehung durch die soziale Erziehung ersetzen

De azt fogják mondani, hogy elpusztítjuk a legszentebb kapcsolatokat, amikor az otthoni oktatást társadalmi neveléssel helyettesítjük

Ist Ihre Erziehung nicht auch sozial? Und wird sie nicht von den gesellschaftlichen Bedingungen bestimmt, unter denen man erzieht?

Az Ön oktatása nem is szociális? És nem azok a társadalmi feltételek határozzák meg, amelyek között oktatsz?

durch direkte oder indirekte Eingriffe in die Gesellschaft, durch Schulen usw.

a társadalom közvetlen vagy közvetett beavatkozásával, iskolák stb. révén.

Die Kommunisten haben die Einmischung der Gesellschaft
in die Erziehung nicht erfunden

Nem a kommunisták találták fel a társadalom beavatkozását
az oktatásba

Sie versuchen lediglich, den Charakter dieses Eingriffs zu
ändern

csak arra törekszenek, hogy megváltoztassák e beavatkozás
jellegét

Und sie versuchen, das Bildungswesen vor dem Einfluss der
herrschenden Klasse zu retten

és arra törekszenek, hogy megmentsék az oktatást az uralkodó
osztály befolyásától

Die Bourgeoisie spricht von der geheiligten Beziehung von
Eltern und Kind

A burzsoázia beszél a szülő és a gyermek megszentelt
kapcsolatáról

aber dieses Geschwätz über die Familie und die Erziehung
wird um so widerwärtiger, wenn wir die moderne Industrie
betrachten

de ez a tapscsapda a családról és az oktatásról még
undorítóbbá válik, ha a modern ipart nézzük

Alle Familienbande unter den Proletariern werden durch die
moderne Industrie zerrissen

A proletárok között minden családi köteléket szétszakít a
modern ipar

ihre Kinder werden zu einfachen Handelsartikeln und
Arbeitsinstrumenten

Gyermekeik egyszerű kereskedelmi cikkekké és
munkaeszközökké válnak

Aber ihr Kommunisten würdet eine Gemeinschaft von
Frauen schaffen, schreit die ganze Bourgeoisie im Chor

De ti, kommunisták, nőközösséget hoznátok létre, kiáltja
kórusban az egész burzsoázia

Die Bourgeoisie sieht in seiner Frau ein bloßes
Produktionsinstrument

A burzsoázia a feleségében puszta termelési eszközt lát

Er hört, dass die Produktionsmittel von allen ausgebeutet werden sollen

Hallja, hogy a termelőeszközöket mindenkinek ki kell használnia

Und natürlich kann er zu keinem anderen Schluß kommen, als daß das Los, allen gemeinsam zu sein, auch den Frauen zufallen wird

és természetesen nem vonhat le más következtetést, mint hogy a mindenki számára közös sors hasonlóképpen a nőkre hárul

Er hat nicht einmal den geringsten Verdacht, dass es in Wirklichkeit darum geht, die Stellung der Frau als bloße Produktionsinstrumente abzuschaffen

Még csak sejtelme sincs arról, hogy a valódi cél a nők puszta termelési eszközként betöltött státuszának felszámolása

Im übrigen ist nichts lächerlicher als die tugendhafte Empörung unserer Bourgeoisie über die Gemeinschaft der Frauen

Ami a többit illeti, semmi sem nevetségesebb, mint burzsoáziánk erényes felháborodása a nők közössége iránt

sie tun so, als ob sie von den Kommunisten offen und offiziell eingeführt werden sollte

úgy tesznek, mintha a kommunisták nyíltan és hivatalosan létrehoznák

Die Kommunisten haben es nicht nötig, die Gemeinschaft der Frauen einzuführen, sie existiert fast seit undenklichen Zeiten

A kommunistáknak nincs szükségük a női közösség bevezetésére, szinte időtlen idők óta létezik

Unsere Bourgeoisie begnügt sich nicht damit, die Frauen und Töchter ihrer Proletarier zur Verfügung zu haben

Burzsoáziánk nem elégszik meg azzal, hogy proletárjainak feleségei és leányai a rendelkezésükre állnak

Sie haben das größte Vergnügen daran, ihre Frauen gegenseitig zu verführen

A legnagyobb örömüket lelik egymás feleségének elcsábításában

Und das ist noch nicht einmal von gewöhnlichen
Prostituierten zu sprechen
És akkor még nem is beszéltünk a közönséges prostituáltakról
Die BourgeoisieEhe ist in Wirklichkeit ein System
gemeinsamer Ehefrauen
A burzsoázia házassága valójában közös feleségrendszer
dann gibt es eine Sache, die man den Kommunisten
vielleicht vorwerfen könnte
aztán van egy dolog, amivel a kommunistáknak esetleg
szemrehányást tehetnek;
Sie wollen eine offen legalisierte Gemeinschaft von Frauen
einführen
Nyíltan legalizált női közösséget kívánnak bevezetni
statt einer heuchlerisch verhüllten Gemeinschaft von Frauen
a nők képmutatóan eltitkolt közössége helyett
Die Gemeinschaft der Frauen, die aus dem
Produktionssystem hervorgegangen ist
A termelési rendszerből fakadó női közösség
Schafft das Produktionssystem ab, und ihr schafft die
Gemeinschaft der Frauen ab
Szüntessék meg a termelési rendszert, és szüntessék meg a
nők közösségét
Sowohl die öffentliche Prostitution als auch die private
Prostitution wird abgeschafft
mind az állami prostitúciót, mind a magánprostitúciót eltörlik
Den Kommunisten wird noch dazu vorgeworfen, sie wollten
Länder und Nationalitäten abschaffen
A kommunistáknak még több szemrehányást tesznek azzal,
hogy országokat és nemzetiségeket akarnak eltörölni
Die Arbeiter haben kein Vaterland, also können wir ihnen
nicht nehmen, was sie nicht haben
A dolgozóknak nincs hazájuk, ezért nem vehetjük el tőlük azt,
amijük nem volt
Das Proletariat muss vor allem die politische Herrschaft
erlangen

A proletariátusnak mindenekelőtt politikai fölényre kell szert
tennie
**Das Proletariat muss sich zur führenden Klasse der Nation
erheben**
A proletariátusnak a nemzet vezető osztályává kell válnia
Das Proletariat muss sich zur Nation konstituieren
A proletariátusnak nemzetté kell válnia
**sie ist bis jetzt selbst national, wenn auch nicht im
Bourgeoisie Sinne des Wortes**
eddig maga is nemzeti, bár nem a szó burzsoázia értelmében
**Nationale Unterschiede und Gegensätze zwischen den
Völkern verschwinden täglich mehr und mehr**
A népek közötti nemzeti különbségek és ellentétek napról
napra egyre inkább eltűnnek
**der Entwicklung der Bourgeoisie, der Freiheit des Handels,
des Weltmarktes**
a burzsoázia fejlődése, a kereskedelem szabadsága, a világpiac
révén
**zur Gleichförmigkeit der Produktionsweise und der ihr
entsprechenden Lebensbedingungen**
a termelési mód és az annak megfelelő életfeltételek
egységessége
**Die Herrschaft des Proletariats wird sie noch schneller
verschwinden lassen**
A proletariátus felsőbbrendűsége miatt még gyorsabban el
fognak tűnni
**Die einheitliche Aktion, wenigstens der führenden
zivilisierten Länder, ist eine der ersten Bedingungen für die
Befreiung des Proletariats**
A proletariátus emancipációjának egyik első feltétele az
egyesült cselekvés, legalábbis a vezető civilizált országok
részéről
**In dem Maße, wie der Ausbeutung eines Individuums durch
ein anderes ein Ende gesetzt wird, wird auch der
Ausbeutung einer Nation durch eine andere ein Ende
gesetzt.**

Amilyen mértékben véget vetünk az egyik egyén
kizsákmányolásának a másik által, olyan mértékben szűnik
meg az egyik nemzet kizsákmányolása a másik által

**In dem Maße, wie der Antagonismus zwischen den Klassen
innerhalb der Nation verschwindet, wird die Feindschaft
einer Nation gegen die andere ein Ende haben**

Amilyen mértékben eltűnik a nemzeten belüli osztályok
közötti ellentét, olyan mértékben szűnik meg az egyik nemzet
ellenségessége a másikkal szemben

**Die Anschuldigungen gegen den Kommunismus, die von
einem religiösen, philosophischen und allgemein von einem
ideologischen Standpunkt aus erhoben werden, verdienen
keine ernsthafte Prüfung**

A kommunizmus ellen vallási, filozófiai és általában
ideológiai szempontból felhozott vádak nem érdemelnek
komoly vizsgálatot

**Braucht es eine tiefe Intuition, um zu begreifen, dass sich
die Ideen, Ansichten und Vorstellungen des Menschen mit
jeder Veränderung der Bedingungen seiner materiellen
Existenz ändern?**

Mély intuícióra van-e szükség annak megértéséhez, hogy az
ember eszméi, nézetei és elképzelései anyagi léte feltételeinek
minden változásával változnak?

**Ist es nicht offensichtlich, dass das Bewusstsein des
Menschen sich Verändert, wenn seine sozialen Beziehungen
und sein soziales Leben ändern?**

Nem nyilvánvaló-e, hogy az ember tudata megváltozik,
amikor társadalmi kapcsolatai és társadalmi élete
megváltozik?

**Was beweist die Ideengeschichte anderes, als daß die
geistige Produktion ihren Charakter in dem Maße ändert,
wie die materielle Produktion verändert wird?**

Mi mást bizonyít az eszmetörténet, mint azt, hogy a szellemi
termelés az anyagi termelés változásával arányosan változtatja
meg jellegét?

Die herrschenden Ideen eines jeden Zeitalters waren immer die Ideen seiner herrschenden Klasse

Minden korszak uralkodó eszméi mindig is az uralkodó osztály eszméi voltak

Wenn Menschen von Ideen sprechen, die die Gesellschaft revolutionieren, drücken sie nur eine Tatsache aus

Amikor az emberek olyan eszmékről beszélnek, amelyek forradalmasítják a társadalmat, csak egy tényt fejeznek ki

Innerhalb der alten Gesellschaft wurden die Elemente einer neuen geschaffen

A régi társadalomban egy új elemei jöttek létre

und daß die Auflösung der alten Ideen mit der Auflösung der alten Daseinsverhältnisse Schritt hält

és hogy a régi eszmék felbomlása lépést tart a régi létfeltételek felbomlásával

Als die Antike in den letzten Zügen lag, wurden die alten Religionen vom Christentum überwunden

Amikor az ókori világ utolsó tusáját élte, az ősi vallásokat legyőzte a kereszténység

Als die christlichen Ideen im 18. Jahrhundert den rationalistischen Ideen erlagen, kämpfte die feudale Gesellschaft ihren Todeskampf mit der damals revolutionären Bourgeoisie

Amikor a keresztény eszmék a 18. században megadták magukat a racionalista eszméknek, a feudális társadalom megvívta halálos csatáját az akkori forradalmi burzsoáziával

Die Ideen der Religions- und Gewissensfreiheit brachten lediglich die Herrschaft des freien Wettbewerbs auf dem Gebiet des Wissens zum Ausdruck

A vallásszabadság és a lelkiismereti szabadság eszméi csupán a tudás területén belüli szabad verseny uralmát fejezték ki

"Zweifellos", wird man sagen, "sind religiöse, moralische, philosophische und juristische Ideen im Laufe der geschichtlichen Entwicklung modifiziert worden"

"Kétségtelen – mondják majd –, hogy a vallási, erkölcsi, filozófiai és jogi elképzelések a történelmi fejlődés során módosultak

"Aber Religion, Moralphilosophie, Politikwissenschaft und Recht überlebten diesen Wandel ständig."

"De a vallás, az erkölcs, a filozófia, a politikatudomány és a jog folyamatosan túlélte ezt a változást"

"Es gibt auch ewige Wahrheiten, wie Freiheit, Gerechtigkeit usw."

"Vannak örök igazságok is, mint például a szabadság, az igazságosság stb."

"Diese ewigen Wahrheiten sind allen Zuständen der Gesellschaft gemeinsam"

"Ezek az örök igazságok közösek a társadalom minden állapotában"

"Aber der Kommunismus schafft die ewigen Wahrheiten ab, er schafft alle Religion und alle Moral ab."

"De a kommunizmus eltörli az örök igazságokat, eltöröl minden vallást és minden erkölcsöt"

"Sie tut dies, anstatt sie auf einer neuen Grundlage zu konstituieren"

"Ezt teszi ahelyett, hogy új alapokra helyezné őket"

"Sie handelt daher im Widerspruch zu allen bisherigen historischen Erfahrungen"

"Ezért ellentmond minden múltbeli történelmi tapasztalatnak"

Worauf reduziert sich dieser Vorwurf?

Mire redukálódik ez a vád?

Die Geschichte aller vergangenen Gesellschaften hat in der Entwicklung von Klassengegensätzen bestanden

Az összes múltbeli társadalom története az osztályellentétek kialakulásában állt

Antagonismen, die in verschiedenen Epochen unterschiedliche Formen annahmen

antagonizmusok, amelyek különböző korszakokban különböző formákat öltöttek

Aber welche Form sie auch immer angenommen haben mögen, eine Tatsache ist allen vergangenen Zeitaltern gemeinsam

De bármilyen formát öltsenek is, egy tény közös minden elmúlt korszakban

die Ausbeutung eines Teils der Gesellschaft durch den anderen

a társadalom egyik részének kizsákmányolása a másik által;

Kein Wunder also, dass sich das gesellschaftliche Bewußtsein vergangener Zeiten innerhalb gewisser allgemeiner Formen oder allgemeiner Vorstellungen bewegt

Nem csoda tehát, hogy az elmúlt korok társadalmi tudata bizonyos közös formákon vagy általános eszméken belül mozog

(und das trotz aller Vielfalt und Vielfalt, die es zeigt)

(és ez annak ellenére van, hogy milyen sokféle és változatos képet mutat)

Und diese können nur mit dem gänzlichen Verschwinden der Klassengegensätze völlig verschwinden

és ezek csak az osztályellentétek teljes eltűnésével tűnhetnek el teljesen;

Die kommunistische Revolution ist der radikalste Bruch mit den traditionellen Eigentumsverhältnissen

A kommunista forradalom a legradikálisabb szakítás a hagyományos tulajdonviszonyokkal

Kein Wunder, dass ihre Entwicklung den radikalsten Bruch mit den traditionellen Vorstellungen mit sich bringt

Nem csoda, hogy fejlődése a legradikálisabb szakítást jelenti a hagyományos eszmékkel

Aber lassen wir die Einwände der Bourgeoisie gegen den Kommunismus hinter uns

De végezzünk a burzsoáziának a kommunizmussal szembeni ellenvetéseivel

Wir haben oben den ersten Schritt der Arbeiterklasse in der Revolution gesehen

Láttuk fent a munkásosztály forradalmának első lépését

Das Proletariat muss zur Herrschaft erhoben werden, um den Kampf der Demokratie zu gewinnen

A proletariátust uralkodó pozícióba kell emelni, hogy megnyerje a demokrácia csatáját

Das Proletariat wird seine politische Vorherrschaft benutzen, um der Bourgeoisie nach und nach alles Kapital zu entreißen

A proletariátus arra fogja használni politikai felsőbbrendűségét, hogy fokozatosan kiragadja az összes tőkét a burzsoáziából

sie wird alle Produktionsmittel in den Händen des Staates zentralisieren

központosítja az összes termelőeszközt az állam kezében

Mit anderen Worten, das Proletariat organisierte sich als herrschende Klasse

Más szóval, a proletariátus uralkodó osztályként szerveződött

Und sie wird die Summe der Produktivkräfte so schnell wie möglich vermehren

és a lehető leggyorsabban növelni fogja a termelőerők összességét

Natürlich kann dies anfangs nur durch despotische Eingriffe in die Eigentumsrechte geschehen

Természetesen kezdetben ez csak a tulajdonjogok despotikus megsértésével érhető el

und sie muss unter den Bedingungen der Bourgeoisie Produktion erreicht werden

és ezt a burzsoázia termelésének feltételei mellett kell elérni

Sie wird also durch Maßnahmen erreicht, die wirtschaftlich unzureichend und unhaltbar erscheinen

ezért olyan intézkedésekkel érhető el, amelyek gazdaságilag elégtelennek és tarthatatlannak tűnnek

aber diese Mittel überflügeln sich im Laufe der Bewegung selbst

De ezek az eszközök a mozgalom során meghaladják magukat

sie erfordern weitere Eingriffe in die alte Gesellschaftsordnung

szükségessé teszik a régi társadalmi rend további megsértését
**und sie sind unvermeidlich, um die Produktionsweise völlig
zu revolutionieren**
és elkerülhetetlenek, mint a termelési mód teljes
forradalmasításának eszközei
**Diese Maßnahmen werden natürlich in den verschiedenen
Ländern unterschiedlich sein**
Ezek az intézkedések természetesen eltérőek lesznek a
különböző országokban
**Nichtsdestotrotz wird in den am weitesten fortgeschrittenen
Ländern das Folgende ziemlich allgemein anwendbar sein**
Mindazonáltal a legfejlettebb országokban a következők
meglehetősen általánosan alkalmazhatók
**1. Abschaffung des Grundeigentums und Verwendung aller
Grundrenten für öffentliche Zwecke.**
1. A földtulajdon megszüntetése és minden földbérlet
közcélokra történő alkalmazása.
2. Eine hohe progressive oder abgestufte Einkommensteuer.
2. Súlyos progresszív vagy sávos jövedelemadó.
3. Abschaffung jeglichen Erbrechts.
3. Minden öröklési jog eltörlése.
**4. Konfiskation des Eigentums aller Emigranten und
Rebellen.**
4. Az összes kivándorló és lázadó vagyonának elkobzása.
**5. Zentralisierung des Kredits in den Händen des Staates
durch eine Nationalbank mit staatlichem Kapital und
ausschließlichem Monopol.**
5. A hitel központosítása az állam kezében, állami tőkével és
kizárólagos monopóliummal rendelkező nemzeti bank révén.
**6. Zentralisierung der Kommunikations- und
Transportmittel in den Händen des Staates.**
6. A kommunikációs és közlekedési eszközök központosítása
az állam kezében.
**7. Ausbau der Fabriken und Produktionsmittel im Eigentum
des Staates**

7. Az állam tulajdonában lévő gyárak és termelőeszközök bővítése
die Kultivierung von Ödland und die Verbesserung des Bodens überhaupt nach einem gemeinsamen Plan.
a parlagon heverő területek művelés alá vonása és általában a talaj javítása egy közös terv szerint.
8. Gleiche Haftung aller für die Arbeit
8. Mindenki egyenlő felelősséggel tartozik a munkával szemben
Aufbau von Industriearmeen, vor allem für die Landwirtschaft.
Ipari hadseregek létrehozása, különösen a mezőgazdaság számára.
9. Kombination der Landwirtschaft mit dem verarbeitenden Gewerbe
9. A mezőgazdaság és a feldolgozóipar összekapcsolása
allmähliche Aufhebung der Unterscheidung zwischen Stadt und Land durch eine gleichmäßigere Verteilung der Bevölkerung über das Land.
a város és a falu közötti megkülönböztetés fokozatos megszüntetése a lakosság egyenlőbb eloszlásával az országban.
10. Kostenlose Bildung für alle Kinder in öffentlichen Schulen.
10. Ingyenes oktatás minden gyermek számára az állami iskolákban.
Abschaffung der Kinderfabrikarbeit in ihrer jetzigen Form
A gyermekek gyári munkájának eltörlése jelenlegi formájában
Kombination von Bildung und industrieller Produktion
Az oktatás és az ipari termelés kombinációja
Wenn im Laufe der Entwicklung die Klassenunterschiede verschwunden sind
Amikor a fejlődés során eltűntek az osztálykülönbségek
und wenn die ganze Produktion in den Händen einer ungeheuren Assoziation der ganzen Nation konzentriert ist

és amikor minden termelés az egész nemzet hatalmas
szövetségének kezében összpontosult
dann verliert die Staatsgewalt ihren politischen Charakter
Akkor a közhatalom elveszíti politikai jellegét
**Politische Macht, eigentlich so genannt, ist nichts anderes
als die organisierte Macht einer Klasse, um eine andere zu
unterdrücken**
A politikai hatalom, helyesen így nevezve, nem más, mint az
egyik osztály szervezett hatalma a másik elnyomására
**Wenn das Proletariat in seinem Kampf mit der Bourgeoisie
durch die Gewalt der Umstände gezwungen ist, sich als
Klasse zu organisieren**
Ha a proletariátus a burzsoáziával folytatott harca során a
körülmények erejénél fogva arra kényszerül, hogy osztályként
szerveződjön
**wenn sie sich durch eine Revolution zur herrschenden
Klasse macht**
ha forradalom útján uralkodó osztállyá teszi magát
**und als solche fegt sie mit Gewalt die alten
Produktionsbedingungen hinweg**
és mint ilyen, erőszakkal elsöpri a termelés régi feltételeit
**dann wird sie mit diesen Bedingungen auch die
Bedingungen für die Existenz der Klassengegensätze und
der Klassen überhaupt hinweggefegt haben**
akkor ezekkel a feltételekkel együtt elsöpörte volna az
osztályellentétek és általában az osztályok létezésének
feltételeit
**und wird damit seine eigene Vorherrschaft als Klasse
aufgehoben haben.**
és ezáltal eltörli saját felsőbbrendűségét, mint osztályt.
**An die Stelle der alten Bourgeoisie Gesellschaft mit ihren
Klassen und Klassengegensätzen treten eine Assoziation**
A régi burzsoázia társadalma helyett, annak osztályaival és
osztályellentéteivel, egyesületünk lesz
**eine Assoziation, in der die freie Entwicklung eines jeden
die Bedingung für die freie Entwicklung aller ist**

olyan társulás, amelyben mindenki szabad fejlődése mindenki szabad fejlődésének feltétele

1) Reaktionärer Sozialismus
1) Reakciós szocializmus

a) Feudaler Sozialismus
a) Feudális szocializmus

die Aristokratien Frankreichs und Englands hatten eine einzigartige historische Stellung
Franciaország és Anglia arisztokráciái egyedülálló történelmi helyzetben voltak
es wurde zu ihrer Berufung, Pamphlete gegen die moderne Boureoisie Gesellschaft zu schreiben
hivatásukká vált, hogy röpiratokat írjanak a modern burzsoázia társadalma ellen
In der französischen Revolution vom Juli 1830 und in der englischen Reformagitation
Az 1830. júliusi francia forradalomban és az angol reformagitációban
Diese Aristokratien erlagen wieder dem hasserfüllten Emporkömmling
Ezek az arisztokráciák ismét megadták magukat a gyűlöletes felemelkedésnek
An eine ernsthafte politische Auseinandersetzung war fortan nicht mehr zu denken
Ettől kezdve a komoly politikai versengés szóba sem jöhetett
Alles, was möglich blieb, war eine literarische Schlacht, keine wirkliche Schlacht
Csak irodalmi csata maradt lehetséges, nem tényleges csata
Aber auch auf dem Gebiet der Literatur waren die alten Schreie der Restaurationszeit unmöglich geworden
De még az irodalom területén is lehetetlenné váltak a restauráció korának régi kiáltásai
Um Sympathie zu erregen, mußte die Aristokratie offenbar ihre eigenen Interessen aus den Augen verlieren
Az együttérzés felkeltése érdekében az arisztokrácia kénytelen volt szem elől téveszteni, nyilvánvalóan saját érdekeiket

und sie waren gezwungen, ihre Anklage gegen die
Bourgeoisie im Interesse der ausgebeuteten Arbeiterklasse
zu formulieren
és kénytelenek voltak a burzsoázia elleni vádiratukat a
kizsákmányolt munkásosztály érdekében megfogalmazni
So rächte sich die Aristokratie, indem sie ihren neuen Herrn
verspottete
Így az arisztokrácia bosszút állt azzal, hogy gúnyolódásokat
énekelt új mesterüknek
Und sie rächten sich, indem sie ihm unheimliche
Prophezeiungen über die kommende Katastrophe ins Ohr
flüsterten
És bosszút álltak azzal, hogy baljós próféciákat suttogtak a
fülébe a közelgő katasztrófáról
So entstand der feudale Sozialismus: halb Klage, halb Spott
Így jött létre a feudális szocializmus: félig siránkozás, félig
gúnyolódás
Es klang halb wie ein Echo der Vergangenheit und
projizierte halb die Bedrohung der Zukunft
félig a múlt visszhangjaként hangzott, félig pedig a jövő
fenyegetéseként
zuweilen traf sie durch ihre bittere, geistreiche und scharfe
Kritik die Bourgeoisie bis ins Mark
olykor keserű, szellemes és éles kritikájával szívvel-lélekkel
sújtotta a burzsoáziát
aber es war immer lächerlich in seiner Wirkung, weil es
völlig unfähig war, den Gang der neueren Geschichte zu
begreifen
de mindig nevetséges volt a hatása, mivel teljesen képtelen
volt megérteni a modern történelem menetét
Die Aristokratie schwenkte, um das Volk um sich zu
scharen, den proletarischen Almosensack als Banner
Az arisztokrácia, hogy összegyűjtse az embereket, a proletár
alamizsnazsákot egy zászló előtt intette
Aber das Volk, so oft es sich zu ihnen gesellte, sah auf
seinem Hinterteil die alten Feudalwappen

De a nép, olyan gyakran, amikor csatlakozott hozzájuk, látta a
hátsó negyedükön a régi feudális címereket
Und sie verließen mit lautem und respektlosem Gelächter
és hangos és tiszteletlen nevetéssel dezertáltak
**Ein Teil der französischen Legitimisten und des "jungen
Englands" zeigte dieses Schauspiel**
A francia legitimisták és az "Ifjú Anglia" egyik szekciója
kiállította ezt a látványt
**die Feudalisten wiesen darauf hin, dass ihre
Ausbeutungsweise eine andere sei als die der Bourgeoisie**
a feudalisták rámutattak, hogy kizsákmányolási módjuk
különbözik a burzsoáziáétól
**Die Feudalisten vergessen, dass sie unter ganz anderen
Umständen und Bedingungen ausgebeutet haben**
A feudalisták elfelejtik, hogy egészen más körülmények között
és körülmények között használták ki
**Und sie haben nicht bemerkt, dass solche Methoden der
Ausbeutung heute veraltet sind**
És nem vették észre, hogy az ilyen kizsákmányolási
módszerek ma már elavultak
**Sie zeigten, dass unter ihrer Herrschaft das moderne
Proletariat nie existiert hat**
Megmutatták, hogy uralmuk alatt a modern proletariátus soha
nem létezett
**aber sie vergessen, daß die moderne Bourgeoisie der
notwendige Sprößling ihrer eigenen Gesellschaftsform ist**
de elfelejtik, hogy a modern burzsoázia saját társadalmi
formájának szükséges utódja
**Im übrigen verbergen sie kaum den reaktionären Charakter
ihrer Kritik**
Egyébként aligha rejtik véka alá kritikájuk reakciós jellegét
**ihre Hauptanklage gegen die Bourgeoisie läuft auf
folgendes hinaus**
fő vádjuk a burzsoázia ellen a következő:
**unter dem Boureoisie Regime entwickelt sich eine soziale
Klasse**

a burzsoázia uralma alatt társadalmi osztály alakul ki
Diese soziale Klasse ist dazu bestimmt, die alte
Gesellschaftsordnung an der Wurzel zu zerschneiden
Ennek a társadalmi osztálynak az a rendeltetése, hogy
gyökerestül szétzúzza a társadalom régi rendjét
Womit sie die Bourgeoisie aufpeppen, ist nicht so sehr, dass
sie ein Proletariat schafft
Nem annyira azzal nevelik a burzsoáziát, hogy proletariátust
teremt
womit sie die Bourgeoisie aufpeppen, ist mehr, dass sie ein
revolutionäres Proletariat schafft
amivel a burzsoáziát nevelik, az inkább az, hogy forradalmi
proletariátust hoz létre
In der politischen Praxis beteiligen sie sich daher an allen
Zwangsmaßnahmen gegen die Arbeiterklasse
A politikai gyakorlatban ezért csatlakoznak a munkásosztály
elleni minden kényszerítő intézkedéshez
Und im gewöhnlichen Leben bücken sie sich, trotz ihrer
hochtrabenden Phrasen, um die goldenen Äpfel
aufzuheben, die vom Baum der Industrie fallen gelassen
wurden
És a hétköznapi életben, magas falutin kifejezéseik ellenére,
lehajolnak, hogy felvegyék az ipar fájáról leesett aranyalmákat
Und sie tauschen Wahrheit, Liebe und Ehre gegen den
Handel mit Wolle, Rote-Bete-Zucker und Kartoffelbränden
és elcserélik az igazságot, a szeretetet és a becsületet a gyapjú-,
céklacukor- és burgonyapárlat kereskedelméért
Wie der Pfarrer immer Hand in Hand mit dem Gutsherrn
gegangen ist, so ist es der klerikale Sozialismus mit dem
feudalen Sozialismus getan
Ahogy a plébános mindig kéz a kézben járt a földesúrral, úgy
járt a klerikális szocializmus a feudális szocializmussal
Nichts ist leichter, als der christlichen Askese einen
sozialistischen Anstrich zu geben
Semmi sem könnyebb, mint szocialista színezetet adni a
keresztény aszketizmusnak

Hat nicht das Christentum gegen das Privateigentum, gegen
die Ehe, gegen den Staat deklamiert?

A kereszténység nem a magántulajdon, a házasság, az állam
ellen emelt-e szót?

Hat das Christentum nicht an die Stelle dieser
Nächstenliebe und Armut getreten?

Nem a kereszténység prédikált-e ezek helyett, a szeretetet és a
szegénységet?

Predigt das Christentum nicht den Zölibat und die Abtötung
des Fleisches, das monastische Leben und die Mutter
Kirche?

A kereszténység nem a cölibátust és a test sanyargatását, a
szerzetesi életet és az Anyaszentegyházat hirdeti?

Der christliche Sozialismus ist nur das Weihwasser, mit dem
der Priester das Herzbrennen des Aristokraten weiht

A keresztényszocializmus nem más, mint a szenteltvíz,
amellyel a pap megszenteli az arisztokrata szívégését

b) Kleinbürgerlicher Sozialismus
b) Kispolgári szocializmus

**Die feudale Aristokratie war nicht die einzige Klasse, die
von der Bourgeoisie ruiniert wurde**
A feudális arisztokrácia nem volt az egyetlen osztály, amelyet
a burzsoázia tönkretett
**sie war nicht die einzige Klasse, deren Existenzbedingungen
in der Atmosphäre der modernen Bourgeoisie Gesellschaft
schmachten und zugrunde gingen**
nem ez volt az egyetlen osztály, amelynek létfeltételei a
modern burzsoázia társadalmának légkörében rögzültek és
pusztultak el
**Die mittelalterliche Bürgerschaft und die kleinbäuerlichen
Eigentümer waren die Vorläufer des modernen Bourgeoisie**
A középkori burgessek és a kisparaszti birtokosok voltak a
modern burzsoázia előfutárai
**In den Ländern, die industriell und kommerziell nur wenig
entwickelt sind, vegetieren diese beiden Klassen noch Seite
an Seite**
Azokban az országokban, amelyek iparilag és kereskedelmileg
kevéssé fejlettek, ez a két osztály még mindig egymás mellett
vegetál
**und in der Zwischenzeit erhebt sich die Bourgeoisie neben
ihnen: industriell, kommerziell und politisch**
és közben a burzsoázia felemelkedik mellettük: iparilag,
kereskedelmileg és politikailag
**In den Ländern, in denen die moderne Zivilisation voll
entwickelt ist, hat sich eine neue Klasse des
Kleinbourgeoisie gebildet**
Azokban az országokban, ahol a modern civilizáció teljesen
kifejlődött, a kispolgárság új osztálya alakult ki
**diese neue soziale Klasse schwankt zwischen Proletariat
und Bourgeoisie**
ez az új társadalmi osztály a proletariátus és a burzsoázia
között ingadozik

und sie erneuert sich ständig als ergänzender Teil der
Bourgeoisie Gesellschaft

és a burzsoázia társadalmának kiegészítő részeként mindig
megújul

Die einzelnen Glieder dieser Klasse aber werden
fortwährend in das Proletariat hinabgeschleudert

Ennek az osztálynak az egyes tagjait azonban állandóan
letaszítják a proletariátusba

sie werden vom Proletariat durch die Einwirkung der
Konkurrenz aufgesaugt

a proletariátus felszívja őket a verseny tevékenységén
keresztül

In dem Maße, wie sich die moderne Industrie entwickelt,
sehen sie sogar den Augenblick herannahen, in dem sie als
eigenständiger Teil der modernen Gesellschaft völlig
verschwinden wird

Ahogy a modern ipar fejlődik, még azt a pillanatot is
közeledik, amikor a modern társadalom független részeként
teljesen eltűnik

Sie werden in der Manufaktur, in der Landwirtschaft und
im Handel durch Aufseher, Gerichtsvollzieher und Krämer
ersetzt werden

Ezeket a manufaktúrákban, a mezőgazdaságban és a
kereskedelemben felügyelők, végrehajtók és kereskedők
fogják helyettesíteni

In Ländern wie Frankreich, wo die Bauern weit mehr als die
Hälfte der Bevölkerung ausmachen

Olyan országokban, mint Franciaország, ahol a parasztok a
lakosság több mint felét teszik ki

es war natürlich, dass es Schriftsteller gab, die sich auf die
Seite des Proletariats gegen die Bourgeoisie stellten

természetes volt, hogy vannak írók, akik a proletariátus
oldalára álltak a burzsoáziával szemben

in ihrer Kritik am Bourgeoisie Regime benutzten sie den
Maßstab des Bauern- und Kleinbourgeoisie

a burzsoázia rendszerének kritikájában a paraszti és kispolgári
színvonalat használták
Und vom Standpunkt dieser Zwischenklassen aus ergreifen
sie die Keule für die Arbeiterklasse
és ezeknek a köztes osztályoknak a szemszögéből veszik fel a
munkásosztály ölelését
So entstand der Kleinbourgeoisie Sozialismus, dessen
Haupt Sismondi nicht nur in Frankreich, sondern auch in
England war
Így jött létre a kispolgári szocializmus, amelynek Sismondi
volt a feje, nemcsak Franciaországban, hanem Angliában is
Diese Schule des Sozialismus sezierte mit großer Schärfe die
Widersprüche in den Bedingungen der modernen
Produktion
A szocializmusnak ez az iskolája nagy élességgel boncolgatta a
modern termelés feltételeinek ellentmondásait
Diese Schule entlarvte die heuchlerischen
Entschuldigungen der Ökonomen
Ez az iskola leleplezte a közgazdászok képmutató
mentegetőzését
Diese Schule bewies unwiderlegbar die verheerenden
Auswirkungen der Maschinerie und der Arbeitsteilung
Ez az iskola vitathatatlanul bebizonyította a gépek és a
munkamegosztás katasztrofális hatásait
Es bewies die Konzentration von Kapital und Grund und
Boden in wenigen Händen
Bebizonyította, hogy a tőke és a föld néhány kézben
koncentrálódik
sie bewies, wie Überproduktion zu Bourgeoisie-Krisen führt
bebizonyította, hogy a túltermelés burzsoázia válságokhoz
vezet
sie wies auf den unvermeidlichen Ruin des
Kleinbourgeoisie' und der Bauern hin
rámutatott a kispolgárság és paraszt elkerülhetetlen
pusztulására

das Elend des Proletariats, die Anarchie in der Produktion, die schreiende Ungleichheit in der Verteilung des Reichtums

A proletariátus nyomorúsága, a termelés anarchiája, a javak elosztásának kiáltó egyenlőtlenségei

Er zeigte, wie das Produktionssystem den industriellen Vernichtungskrieg zwischen den Nationen führt

Megmutatta, hogy a termelési rendszer hogyan vezeti a nemzetek közötti ipari megsemmisítési háborút

die Auflösung der alten sittlichen Bande, der alten Familienverhältnisse, der alten Nationalitäten

a régi erkölcsi kötelékek, a régi családi viszonyok, a régi nemzetiségek felbomlása

In ihren positiven Zielen strebt diese Form des Sozialismus jedoch eines von zwei Dingen an

Pozitív céljaiban azonban a szocializmusnak ez a formája két dolog egyikét kívánja elérni

Entweder zielt sie darauf ab, die alten Produktions- und Tauschmittel wiederherzustellen

vagy a régi termelési és csereeszközök visszaállítására törekszik

und mit den alten Produktionsmitteln würde sie die alten Eigentumsverhältnisse und die alte Gesellschaft wiederherstellen

és a régi termelőeszközökkel helyreállítaná a régi tulajdonviszonyokat és a régi társadalmat

oder sie zielt darauf ab, die modernen Produktions- und Austauschmittel in den alten Rahmen der Eigentumsverhältnisse zu zwängen

vagy arra törekszik, hogy a modern termelési és csereeszközöket a tulajdonviszonyok régi kereteibe szorítsa

In beiden Fällen ist es sowohl reaktionär als auch utopisch

Mindkét esetben reakciós és utópisztikus

Seine letzten Worte lauten: Korporativzünfte für die Manufaktur, patriarchalische Verhältnisse in der Landwirtschaft

Utolsó szavai: vállalati céhek a manufaktúrákhoz,
patriarchális kapcsolatok a mezőgazdaságban
**Schließlich, als hartnäckige historische Tatsachen alle
berauschenden Wirkungen der Selbsttäuschung zerstreut
hatten,**
Végül, amikor a makacs történelmi tények eloszlatták az
önámítás minden mámorító hatását
**diese Form des Sozialismus endete in einem elenden Anfall
von Mitleid**
a szocializmusnak ez a formája a szánalom nyomorúságos
rohamával végződött

c) Deutscher oder "wahrer" Sozialismus
c) Német vagy "igazi" szocializmus

Die sozialistische und kommunistische Literatur Frankreichs entstand unter dem Druck einer herrschenden Bourgeoisie
Franciaország szocialista és kommunista irodalma a hatalmon lévő burzsoázia nyomása alatt keletkezett
Und diese Literatur war der Ausdruck des Kampfes gegen diese Macht
És ez az irodalom az e hatalom elleni küzdelem kifejeződése volt
sie wurde in Deutschland zu einer Zeit eingeführt, als die Bourgeoisie gerade ihren Kampf mit dem feudalen Absolutismus begonnen hatte
akkor vezették be Németországba, amikor a burzsoázia éppen megkezdte a feudális abszolutizmussal folytatott harcát
Deutsche Philosophen, Möchtegern-Philosophen und Beaux Esprits griffen begierig zu dieser Literatur
A német filozófusok, leendő filozófusok és beaux espritek mohón ragadták meg ezt az irodalmat
aber sie vergaßen, daß die Schriften aus Frankreich nach Deutschland einwanderten, ohne die französischen Gesellschaftsverhältnisse mitzubringen
de elfelejtették, hogy az írások Franciaországból vándoroltak Németországba anélkül, hogy magukkal hozták volna a francia társadalmi viszonyokat
Im Kontakt mit den deutschen gesellschaftlichen Verhältnissen verlor diese französische Literatur ihre unmittelbare praktische Bedeutung
A német társadalmi viszonyokkal érintkezve ez a francia irodalom elvesztette minden közvetlen gyakorlati jelentőségét
und die kommunistische Literatur Frankreichs nahm in deutschen akademischen Kreisen einen rein literarischen Aspekt an

és a francia kommunista irodalom tisztán irodalmi jelleget
öltött német akadémiai körökben
**So waren die Forderungen der ersten Französischen
Revolution nichts anderes als die Forderungen der
"praktischen Vernunft"**
Így az első francia forradalom követelései nem voltak mások,
mint a "gyakorlati ész" követelései
**und die Willensäußerung der revolutionären französischen
Bourgeoisie bedeutete in ihren Augen das Gesetz des reinen
Willens**
és a forradalmi francia burzsoázia akaratának kimondása a
tiszta akarat törvényét jelentette a szemükben
**es bedeutete den Willen, wie er sein mußte; des wahren
menschlichen Willens überhaupt**
úgy jelezte az akaratot, amilyennek lennie kellett; az igaz
emberi akarat általában;
**Die Welt der deutschen Literaten bestand einzig und allein
darin, die neuen französischen Ideen mit ihrem alten
philosophischen Gewissen in Einklang zu bringen**
A német literátusok világa kizárólag abból állt, hogy az új
francia eszméket összhangba hozza ősi filozófiai
lelkiismeretükkel
**oder vielmehr, sie annektierten die französischen Ideen,
ohne ihren eigenen philosophischen Standpunkt
aufzugeben**
vagy inkább csatolták a francia eszméket anélkül, hogy
elhagyták volna saját filozófiai nézőpontjukat
**Diese Annexion vollzog sich auf die gleiche Weise, wie man
sich eine Fremdsprache aneignet, nämlich durch
Übersetzung**
Ez az annektálás ugyanúgy történt, mint egy idegen nyelv
kisajátítása, nevezetesen fordítás útján
**Es ist bekannt, wie die Mönche alberne Leben katholischer
Heiliger über Manuskripte schrieben**
Jól ismert, hogy a szerzetesek hogyan írták a katolikus szentek
ostoba életét a kéziratok fölé

die Manuskripte, auf denen die klassischen Werke des
antiken Heidentums geschrieben waren
A kéziratok, amelyekre az ókori pogányság klasszikus műveit
írták
Die deutschen Literaten kehrten diesen Prozess mit der
profanen französischen Literatur um
A német literátusok megfordították ezt a folyamatot a profán
francia irodalommal
Sie schrieben ihren philosophischen Unsinn unter das
französische Original
Filozófiai ostobaságaikat a francia eredeti alá írták
Zum Beispiel schrieben sie unter der französischen Kritik an
den ökonomischen Funktionen des Geldes "Entfremdung
der Menschheit"
Például a pénz gazdasági funkcióinak francia kritikája alatt
megírták "Az emberiség elidegenedése"
unter die französische Kritik am Bourgeoisie Staat schrieben
sie "Entthronung der Kategorie des Generals"
a burzsoázia államának francia kritikája alatt azt írták, hogy "a
tábornok kategóriájának trónfosztása"
Die Einführung dieser philosophischen Phrasen hinter der
französischen Geschichtskritik nannten sie:
Ezeknek a filozófiai kifejezéseknek a bevezetése az általuk
nevezett francia történelmi kritikák hátulján:
"Philosophie des Handelns", "Wahrer Sozialismus",
"Deutsche Sozialismuswissenschaft", "Philosophische
Grundlagen des Sozialismus" und so weiter
"A cselekvés filozófiája", "Az igazi szocializmus", "A
szocializmus német tudománya", "A szocializmus filozófiai
alapja" és így tovább
Die französische sozialistische und kommunistische
Literatur wurde damit völlig entmannt
A francia szocialista és kommunista irodalom így teljesen
elférfiasodott
in den Händen der deutschen Philosophen hörte sie auf, den
Kampf der einen Klasse mit der anderen auszudrücken

a német filozófusok kezében megszűnt kifejezni az egyik
osztály küzdelmét a másikkal
**und so fühlten sich die deutschen Philosophen bewußt, die
"französische Einseitigkeit" überwunden zu haben**
és így a német filozófusok tudatában voltak annak, hogy
legyőzték a "francia egyoldalúságot"
**Sie musste keine wahren Forderungen repräsentieren,
sondern sie repräsentierte Forderungen der Wahrheit**
Nem kellett valódi követelményeket képviselnie, hanem az
igazság követelményeit
**es gab kein Interesse am Proletariat, sondern an der
menschlichen Natur**
nem volt érdeklődés a proletariátus iránt, inkább az emberi
természet iránt érdeklődött
**das Interesse galt dem Menschen überhaupt, der keiner
Klasse angehört und keine Wirklichkeit hat**
az érdeklődés általában az Ember iránt irányult, aki nem
tartozik egyetlen osztályhoz sem, és nincs realitása
**ein Mann, der nur im nebligen Reich der philosophischen
Fantasie existiert**
Egy ember, aki csak a filozófiai fantázia ködös birodalmában
létezik
**aber schließlich verlor auch dieser deutsche
Schulsozialismus seine pedantische Unschuld**
de végül ez az iskolás német szocializmus is elvesztette
pedáns ártatlanságát
**die deutsche Bourgeoisie und besonders die preußische
Bourgeoisie kämpfte gegen die feudale Aristokratie**
a német burzsoázia és különösen a porosz burzsoázia harcolt a
feudális arisztokrácia ellen
**auch die absolute Monarchie Deutschlands und Preußens
wurde bekämpft**
Németország és Poroszország abszolút monarchiáját is
támadták
**Und im Gegenzug wurde auch die Literatur der liberalen
Bewegung ernster**

És viszont a liberális mozgalom irodalma is komolyabbá vált
**Deutschlands lang ersehnte Chance auf einen "wahren"
Sozialismus wurde geboten**
Németország régóta áhított lehetősége az "igazi"
szocializmusra kínálkozott;
**die Möglichkeit, die politische Bewegung mit den
sozialistischen Forderungen zu konfrontieren**
a politikai mozgalom szembesítésének lehetősége a szocialista
követelésekkel
**die Gelegenheit, die traditionellen Bannsprüche gegen den
Liberalismus zu schleudern**
a liberalizmus elleni hagyományos anatémák dobásának
lehetősége
**die Möglichkeit, die repräsentative Regierung und die
Bourgeoisie Konkurrenz anzugreifen**
a képviseleti kormány és a burzsoázia versenyének
megtámadásának lehetősége
**Pressefreiheit der Bourgeoisie, Bourgeoisie Gesetzgebung,
Bourgeoisie Freiheit und Gleichheit**
Burzsoázia sajtószabadsága, burzsoázia törvényhozása,
burzsoázia szabadsága és egyenlősége
**All dies könnte nun in der realen Welt kritisiert werden,
anstatt in der Fantasie**
Mindezeket most már inkább a való világban lehetne
kritizálni, mint a fantáziában
**Feudalaristokratie und absolute Monarchie hatten den
Massen lange gepredigt**
A feudális arisztokrácia és az abszolút monarchia már régóta
prédikált a tömegeknek
**"Der Arbeiter hat nichts zu verlieren und er hat alles zu
gewinnen"**
"A dolgozó embernek nincs veszítenivalója, és mindent
nyerhet"
**auch die Bourgeoisie bewegung bot eine Chance, sich mit
diesen Plattitüden auseinanderzusetzen**

a burzsoázia mozgalom is lehetőséget kínált arra, hogy
szembenézzen ezekkel a közhelyekkel
**die französische Kritik setzte die Existenz der modernen
Bourgeoisie Gesellschaft voraus**
a francia kritika feltételezte a modern burzsoázia
társadalmának létezését
**Bourgeoisie, ökonomische Existenzbedingungen und
Bourgeoisie politische Verfassung**
A burzsoázia gazdasági létfeltételei és a burzsoázia politikai
alkotmánya
**gerade die Dinge, deren Errungenschaft Gegenstand des in
Deutschland anstehenden Kampfes war**
éppen azokat a dolgokat, amelyek elérése a Németországban
függőben lévő harc tárgya volt
**Deutschlands albernes Echo des Sozialismus hat diese Ziele
gerade noch rechtzeitig aufgegeben**
Németország ostoba visszhangja a szocializmusról éppen az
idő múlásával hagyta el ezeket a célokat
**Die absoluten Regierungen hatten ihre Gefolgschaft aus
Pfarrern, Professoren, Landjunkern und Beamten**
Az abszolút kormányok követték a plébánosokat,
professzorokat, vidéki mókusokat és tisztviselőket
**die damalige Regierung begegnete den deutschen
Arbeiteraufständen mit Auspeitschungen und Kugeln**
az akkori kormány korbácsolással és golyókkal válaszolt a
német munkásosztály felkelésére
**ihnen diente dieser Sozialismus als willkommene
Vogelscheuche gegen die drohende Bourgeoisie**
számukra ez a szocializmus üdvözlendő madárijesztőként
szolgált a fenyegető burzsoázia ellen
**und die deutsche Regierung konnte nach den bitteren
Pillen, die sie austeilte, ein süßes Dessert anbieten**
és a német kormány édes desszertet tudott kínálni az általa
kiosztott keserű tabletták után
**dieser "wahre" Sozialismus diente also den Regierungen als
Waffe im Kampf gegen die deutsche Bourgeoisie**

ez az "igazi" szocializmus tehát fegyverként szolgált a
kormányoknak a német burzsoázia elleni harcban
und gleichzeitig repräsentierte sie direkt ein reaktionäres
Interesse; die der deutschen Philister
ugyanakkor közvetlenül reakciós érdeket képviselt; a német
filiszteusé;
In Deutschland ist das Kleinbourgeoisie die wirkliche
gesellschaftliche Grundlage des bestehenden Zustandes
Németországban a kispolgári osztály a fennálló helyzet valódi
társadalmi alapja
Ein Relikt des sechzehnten Jahrhunderts, das immer wieder
in verschiedenen Formen auftaucht
A tizenhatodik század emléke, amely folyamatosan felbukkan
különböző formákban
Diese Klasse zu bewahren bedeutet, den bestehenden
Zustand in Deutschland zu bewahren
Ennek az osztálynak a megőrzése azt jelenti, hogy megőrizzük
a dolgok jelenlegi állapotát Németországban
Die industrielle und politische Vorherrschaft der
Bourgeoisie bedroht das KleinBourgeoisie mit der sicheren
Vernichtung
A burzsoázia ipari és politikai felsőbbrendűsége biztos
pusztulással fenyegeti a kispolgárságot
auf der einen Seite droht sie das Kleinbourgeoisiedurch die
Konzentration des Kapitals zu vernichten
egyrészt azzal fenyeget, hogy a tőke koncentrációja révén
elpusztítja a kispolgárságot
auf der anderen Seite droht die Bourgeoisie, sie durch den
Aufstieg eines revolutionären Proletariats zu zerstören
másrészt a burzsoázia azzal fenyeget, hogy a forradalmi
proletariátus felemelkedésével elpusztítja
Der "wahre" Sozialismus schien diese beiden Fliegen mit
einer Klappe zu schlagen. Es breitete sich wie eine Epidemie
aus
Úgy tűnt, hogy az "igazi" szocializmus egy csapásra megölte
ezt a két madarat. Úgy terjedt, mint egy járvány

Das Gewand spekulativer Spinnweben, bestickt mit Blumen der Rhetorik, durchtränkt vom Tau kränklicher Gefühle

A spekulatív pókhálók köntöse, a retorika virágaival hímezve, beteges érzelmek harmatával átitatva

dieses transzendentale Gewand, in das die deutschen Sozialisten ihre traurigen "ewigen Wahrheiten" hüllten

ez a transzcendentális köntös, amelybe a német szocialisták beburkolták sajnálatos "örök igazságaikat"

alle Haut und Knochen, dienten dazu, den Absatz ihrer Waren bei einem solchen Publikum wunderbar zu vermehren.

Minden bőr és csont csodálatosan növelte áruik eladását egy ilyen közönség körében

Und der deutsche Sozialismus seinerseits erkannte mehr und mehr seine eigene Berufung

És a maga részéről a német szocializmus egyre inkább felismerte saját hivatását

sie war berufen, die bombastische Vertreterin des Kleinbourgeoisie Philisters zu sein

a kispolgári filiszteus bombasztikus képviselőjének hívták

Sie proklamierte die deutsche Nation als Musternation und den deutschen Kleinphilister als Mustermann

A német nemzetet kiáltotta ki mintanemzetnek, a német kisfilliszteust pedig mintaembernek

Jeder schurkischen Gemeinheit dieses Mustermenschen gab sie eine verborgene, höhere, sozialistische Deutung

Ennek a mintaembernek minden gonosz aljasságához rejtett, magasabb, szocialista értelmezést adott

diese höhere, sozialistische Deutung war das genaue Gegenteil ihres wirklichen Charakters

ez a magasabb, szocialista értelmezés éppen az ellenkezője volt valódi jellegének

Sie ging so weit, sich der "brutal destruktiven" Tendenz des Kommunismus direkt entgegenzustellen

A végletekig elment, hogy közvetlenül szembeszállt a kommunizmus "brutálisan destruktív" tendenciájával

und sie proklamierte ihre höchste und unparteiische Verachtung aller Klassenkämpfe
és kijelentette, hogy a legnagyobb mértékben és pártatlanul semmibe vesz minden osztályharcot
Mit sehr wenigen Ausnahmen gehören alle sogenannten sozialistischen und kommunistischen Publikationen, die jetzt (1847) in Deutschland zirkulieren, in den Bereich dieser üblen und entnervenden Literatur
Nagyon kevés kivételtől eltekintve az összes úgynevezett szocialista és kommunista kiadvány, amely ma (1847) Németországban kering, ennek a rossz és enervált irodalomnak a területéhez tartozik

2) Konservativer Sozialismus oder bürgerlicher Sozialismus
2) Konzervatív szocializmus vagy burzsoázia szocializmus

Ein Teil der Bourgeoisie will soziale Missstände beseitigen
A burzsoázia egy része a társadalmi sérelmek orvoslására törekszik
um den Fortbestand der Bourgeoisie Gesellschaft zu sichern
a burzsoázia társadalom fennmaradásának biztosítása érdekében
Zu dieser Sektion gehören Ökonomen, Philanthropen, Menschenfreunde
Ebbe a szekcióba tartoznak a közgazdászok, filantrópok, humanitáriusok
Verbesserer der Lage der Arbeiterklasse und Organisatoren der Wohltätigkeit
a munkásosztály helyzetének javítói és a jótékonyság szervezői
Mitglieder von Gesellschaften zur Verhütung von Tierquälerei
Az állatokkal szembeni kegyetlenség megelőzésére létrehozott társaságok tagjai
Mäßigkeitsfanatiker, Loch-und-Ecken-Reformer aller erdenklichen Art
A mértékletesség fanatikusai, mindenféle elképzelhető reformerek
Diese Form des Sozialismus ist überdies zu vollständigen Systemen ausgearbeitet worden
A szocializmusnak ezt a formáját ráadásul teljes rendszerré dolgozták ki
Als Beispiel für diese Form sei Proudhons "Philosophie de la Misère" angeführt
Példaként említhetjük Proudhon "Philosophie de la Misère" című művét
Die sozialistische Bourgeoisie will alle Vorteile der modernen gesellschaftlichen Verhältnisse

A szocialista burzsoázia a modern társadalmi viszonyok
minden előnyét akarja
**aber die sozialistische Bourgeoisie will nicht unbedingt die
daraus resultierenden Kämpfe und Gefahren**
de a szocialista burzsoázia nem feltétlenül akarja az ebből
eredő harcokat és veszélyeket
**Sie wollen den bestehenden Zustand der Gesellschaft,
abzüglich ihrer revolutionären und zerfallenden Elemente**
A társadalom fennálló állapotát akarják, leszámítva annak
forradalmi és bomlasztó elemeit
**mit anderen Worten, sie wünschen sich eine Bourgeoisie
ohne Proletariat**
más szóval, proletariátus nélküli burzsoáziát akarnak
**Die Bourgeoisie begreift natürlich die Welt, in der sie die
höchste ist, die Beste zu sein**
A burzsoázia természetszerűleg úgy képzeli el azt a világot,
amelyben a legjobbnak lenni a legfőbb
**und der Bourgeoisie Sozialismus entwickelt diese bequeme
Auffassung zu verschiedenen mehr oder weniger
vollständigen Systemen**
és a burzsoázia szocializmusa ezt a kényelmes felfogást
különböző, többé-kevésbé teljes rendszerré fejleszti
**sie wünschen sich sehr, dass das Proletariat geradewegs in
das soziale Neue Jerusalem marschiert**
nagyon szeretnék, ha a proletariátus egyenesen a szociális Új
Jeruzsálembe vonulna
**Aber in Wirklichkeit verlangt sie, dass das Proletariat
innerhalb der Grenzen der bestehenden Gesellschaft bleibt**
De valójában megköveteli, hogy a proletariátus a fennálló
társadalom határain belül maradjon
**sie fordern das Proletariat auf, alle seine hasserfüllten Ideen
über die Bourgeoisie abzulegen**
arra kérik a proletariátust, hogy vesse el a burzsoáziával
kapcsolatos minden gyűlöletes eszméjüket
**es gibt eine zweite, praktischere, aber weniger systematische
Form dieses Sozialismus**

ennek a szocializmusnak van egy második, gyakorlatiasabb, de kevésbé szisztematikus formája is

Diese Form des Sozialismus versuchte, jede revolutionäre Bewegung in den Augen der Arbeiterklasse abzuwerten

A szocializmusnak ez a formája arra törekedett, hogy leértékeljen minden forradalmi mozgalmat a munkásosztály szemében

Sie argumentieren, dass keine bloße politische Reform für sie von Vorteil sein könnte

Azzal érvelnek, hogy a puszta politikai reform semmilyen előnnyel nem járhat számukra

nur eine Veränderung der materiellen Existenzbedingungen in den wirtschaftlichen Beziehungen ist von Nutzen

Csak a gazdasági viszonyok anyagi létfeltételeinek megváltozása előnyös

Wie der Kommunismus tritt auch diese Form des Sozialismus für eine Veränderung der materiellen Existenzbedingungen ein

A kommunizmushoz hasonlóan a szocializmusnak ez a formája is a lét anyagi feltételeinek megváltoztatását szorgalmazza

Diese Form des Sozialismus bedeutet jedoch keineswegs, dass die Bourgeoisie Produktionsverhältnisse abgeschafft werden

a szocializmusnak ez a formája azonban semmi esetre sem jelenti a burzsoázia termelési viszonyainak megszüntetését

die Abschaffung der Bourgeoisie Produktionsverhältnisse kann nur durch eine Revolution erreicht werden

a burzsoázia termelési viszonyainak megszüntetése csak forradalommal érhető el

Doch statt einer Revolution schlägt diese Form des Sozialismus Verwaltungsreformen vor

De forradalom helyett a szocializmusnak ez a formája adminisztratív reformokat javasol

und diese Verwaltungsreformen würden auf dem Fortbestand dieser Beziehungen beruhen

és ezek az igazgatási reformok e kapcsolatok folyamatos
fennállásán alapulnának
**Reformen, die in keiner Weise die Beziehungen zwischen
Kapital und Arbeit berühren**
ezért olyan reformok, amelyek semmilyen tekintetben nem
érintik a tőke és a munka közötti kapcsolatokat
**im besten Fall verringern solche Reformen die Kosten und
vereinfachen die Verwaltungsarbeit der Bourgeoisie
Regierung**
az ilyen reformok legjobb esetben is csökkentik a burzsoázia
kormányának költségeit és egyszerűsítik adminisztratív
munkáját
**Der Bourgeoisie Sozialismus kommt dann und nur dann
adäquat zum Ausdruck, wenn er zur bloßen Redewendung
wird**
A burzsoá szocializmus akkor és csak akkor jut megfelelő
kifejezésre, amikor puszta beszédformává válik
Freihandel: zum Wohle der Arbeiterklasse
Szabad kereskedelem: a munkásosztály javára
Schutzpflichten: zum Wohle der Arbeiterklasse
Védelmi feladatok: a munkásosztály javára
Gefängnisreform: zum Wohle der Arbeiterklasse
Börtönreform: a munkásosztály javára
**Das ist das letzte Wort und das einzig ernst gemeinte Wort
des Bourgeoisie Sozialismus**
Ez a burzsoázia szocializmusának utolsó szava és egyetlen
komolyan gondolt szava
**Sie ist in dem Satz zusammengefasst: Die Bourgeoisie ist
eine Bourgeoisie zum Wohle der Arbeiterklasse**
Ezt a következő mondat foglalja össze: a burzsoázia
burzsoázia a munkásosztály javára

3) Kritisch-utopischer Sozialismus und Kommunismus
3) Kritikai-utópisztikus szocializmus és kommunizmus

Wir beziehen uns hier nicht auf jene Literatur, die den Forderungen des Proletariats immer eine Stimme gegeben hat
Itt nem arról az irodalomról van szó, amely mindig hangot adott a proletariátus követeléseinek
dies war in jeder großen modernen Revolution vorhanden, wie z. B. in den Schriften von Babeuf und anderen
ez jelen volt minden nagy modern forradalomban, például Babeuf és mások írásaiban
Die ersten unmittelbaren Versuche des Proletariats, seine eigenen Ziele zu erreichen, scheiterten notwendigerweise
A proletariátus első közvetlen kísérletei saját céljainak elérésére szükségszerűen kudarcot vallottak
Diese Versuche wurden in Zeiten allgemeiner Aufregung unternommen, als die feudale Gesellschaft gestürzt wurde
Ezeket a kísérleteket az egyetemes izgalom idején tették, amikor a feudális társadalmat megdöntötték
Der damals noch unterentwickelte Zustand des Proletariats führte zum Scheitern dieser Versuche
A proletariátus akkori fejletlen állapota vezetett e kísérletek kudarcához
und sie scheiterten am Fehlen der wirtschaftlichen Voraussetzungen für ihre Emanzipation
és kudarcot vallottak az emancipáció gazdasági feltételeinek hiánya miatt
Bedingungen, die erst noch geschaffen werden mussten und die durch die bevorstehende Epoche der Bourgeoisie allein hervorgebracht werden konnten
olyan állapotok, amelyeket még létre kell hozni, és amelyeket egyedül a közelgő burzsoázia korszaka hozhat létre
Die revolutionäre Literatur, die diese ersten Bewegungen des Proletariats begleitete, hatte notwendigerweise einen reaktionären Charakter

A forradalmi irodalom, amely a proletariátus első mozgalmait
kísérte, szükségszerűen reakciós jellegű volt
**Diese Literatur schärfte universelle Askese und soziale
Nivellierung in ihrer gröbsten Form ein**
Ez az irodalom az egyetemes aszketizmust és a társadalmi
szintezést a legdurvább formájában nevelte
**Die sozialistischen und kommunistischen Systeme, die man
eigentlich so nennt, entstehen in der frühen unentwickelten
Periode**
A szocialista és kommunista rendszerek, helyesen
úgynevezett, a korai, fejletlen időszakban jöttek létre
**Saint-Simon, Fourier, Owen und andere beschrieben den
Kampf zwischen Proletariat und Bourgeoisie (siehe
Abschnitt 1)**
Saint-Simon, Fourier, Owen és mások leírták a proletariátus és
a burzsoázia közötti harcot (lásd 1. fejezet)
**Die Begründer dieser Systeme sehen in der Tat die
Klassengegensätze**
E rendszerek alapítói valóban látják az osztályellentéteket
**Sie sehen auch das Wirken der sich zersetzenden Elemente
in der herrschenden Gesellschaftsform**
Látják a bomló elemek tevékenységét is az uralkodó
társadalmi formában
**Aber das Proletariat, das noch in den Kinderschuhen steckt,
bietet ihnen das Schauspiel einer Klasse ohne jede
historische Initiative**
De a proletariátus, amely még gyerekcipőben jár, egy
történelmi kezdeményezés nélküli osztály látványát kínálja
nekik
**Sie sehen das Schauspiel einer sozialen Klasse ohne
unabhängige politische Bewegung**
Egy független politikai mozgalom nélküli társadalmi osztály
látványát látják
**Die Entwicklung des Klassengegensatzes hält mit der
Entwicklung der Industrie Schritt**
Az osztályellentétek kialakulása lépést tart az ipar fejlődésével

Die ökonomische Lage bietet ihnen also noch nicht die materiellen Bedingungen für die Befreiung des Proletariats

Tehát a gazdasági helyzet még nem biztosítja számukra a proletariátus felszabadításának anyagi feltételeit

Sie suchen also nach einer neuen Sozialwissenschaft, nach neuen sozialen Gesetzen, die diese Bedingungen schaffen sollen

Ezért új társadalomtudományt, új társadalmi törvényeket keresnek, amelyek megteremtik ezeket a feltételeket

historisches Handeln besteht darin, sich ihrem persönlichen erfinderischen Handeln zu beugen

A történelmi cselekvés az, hogy engedjenek személyes feltalálói cselekedeteiknek

Historisch geschaffene Emanzipationsbedingungen sollen phantastischen Verhältnissen weichen

Az emancipáció történelmileg teremtett feltételei fantasztikus körülményeknek engednek

und die allmähliche, spontane Klassenorganisation des Proletariats soll der Organisation der Gesellschaft weichen

és a proletariátus fokozatos, spontán osztályszerveződése azt jelenti, hogy enged a társadalom szervezésének

die Organisation der Gesellschaft, die von diesen Erfindern eigens ersonnen wurde

a társadalom szervezete, amelyet ezek a feltalálók kifejezetten kitaláltak

Die zukünftige Geschichte löst sich in ihren Augen in die Propaganda und die praktische Durchführung ihrer sozialen Pläne auf

A jövő történelme az ő szemükben a propagandában és társadalmi terveik gyakorlati megvalósításában oldódik fel

Bei der Ausarbeitung ihrer Pläne sind sie sich bewußt, daß sie sich in erster Linie um die Interessen der Arbeiterklasse kümmern

Terveik kialakításakor tudatában vannak annak, hogy elsősorban a munkásosztály érdekeit tartják szem előtt

Nur unter dem Gesichtspunkt, die leidendste Klasse zu sein, existiert das Proletariat für sie

Csak abból a szempontból létezik számukra a proletariátus, hogy ők a legszenvedőbb osztály

Der unentwickelte Zustand des Klassenkampfes und ihre eigene Umgebung prägen ihre Meinungen

Az osztályharc fejletlen állapota és saját környezetük határozza meg véleményüket

Sozialisten dieser Art halten sich allen Klassengegensätzen weit überlegen

Az ilyen szocialisták sokkal felsőbbrendűnek tartják magukat minden osztályellentétnél

Sie wollen die Lage jedes Mitglieds der Gesellschaft verbessern, auch die der Begünstigten

A társadalom minden tagjának helyzetét javítani akarják, még a leghátrányosabb helyzetűekét is

Daher appellieren sie gewöhnlich an die Gesellschaft als Ganzes, ohne Unterschied der Klasse

Ezért rendszerint a társadalom egészéhez szólnak, osztálymegkülönböztetés nélkül

Ja, sie appellieren an die Gesellschaft als Ganzes, indem sie die herrschende Klasse bevorzugen

sőt, az uralkodó osztállyal szemben a társadalom egészét szólítják meg

Für sie ist alles, was es braucht, dass andere ihr System verstehen

Számukra csak arra van szükség, hogy mások megértsék a rendszerüket

Denn wie können die Menschen nicht erkennen, dass der bestmögliche Plan für den bestmöglichen Zustand der Gesellschaft ist?

Mert hogyan ne látnák az emberek, hogy a lehető legjobb terv a társadalom lehető legjobb állapotát szolgálja?

Daher lehnen sie jede politische und vor allem jede revolutionäre Aktion ab

Ezért elutasítanak minden politikai, és különösen minden forradalmi akciót

Sie wollen ihre Ziele mit friedlichen Mitteln erreichen

céljaikat békés eszközökkel kívánják elérni

Sie bemühen sich durch kleine Experimente, die notwendigerweise zum Scheitern verurteilt sind

Kis kísérletekkel próbálkoznak, amelyek szükségszerűen kudarcra vannak ítélve

und durch die Kraft des Beispiels versuchen sie, den Weg für das neue soziale Evangelium zu ebnen

és a példa erejével igyekeznek kikövezni az utat az új szociális evangélium számára

Welch phantastische Bilder von der zukünftigen Gesellschaft, gemalt in einer Zeit, in der sich das Proletariat noch in einem sehr unterentwickelten Zustand befindet

Ilyen fantasztikus képek a jövő társadalmáról, amikor a proletariátus még mindig nagyon fejletlen állapotban van

und sie hat immer noch nur eine phantastische Vorstellung von ihrer eigenen Stellung

És még mindig csak fantasztikus elképzelése van saját helyzetéről

aber ihre ersten instinktiven Sehnsüchte entsprechen den Sehnsüchten des Proletariats

De első ösztönös sóvárgásuk megfelel a proletariátus vágyainak

Beide sehnen sich nach einem allgemeinen Umbau der Gesellschaft

Mindketten a társadalom általános újjáépítésére vágynak

Aber diese sozialistischen und kommunistischen Veröffentlichungen enthalten auch ein kritisches Element

De ezek a szocialista és kommunista kiadványok kritikai elemet is tartalmaznak

Sie greifen jedes Prinzip der bestehenden Gesellschaft an

A létező társadalom minden elvét támadják

Daher sind sie voll von den wertvollsten Materialien für die Aufklärung der Arbeiterklasse

Ezért tele vannak a munkásosztály felvilágosításának
legértékesebb anyagaival

**Sie schlagen die Abschaffung der Unterscheidung zwischen
Stadt und Land und der Familie vor**

Azt javasolják, hogy töröljék el a város és a falu, valamint a
család közötti megkülönböztetést

**die Abschaffung des Gewerbetreibens für Rechnung von
Privatpersonen**

a magánszemélyek javára végzett iparágak megszüntetése;

**und die Abschaffung des Lohnsystems und die
Proklamation des sozialen Friedens**

valamint a bérrendszer eltörlése és a társadalmi harmónia
hirdetése

**die Verwandlung der Funktionen des Staates in eine bloße
Aufsicht über die Produktion**

az állami funkciók puszta termelési felügyeletté alakítása

**Alle diese Vorschläge deuten einzig und allein auf das
Verschwinden der Klassengegensätze hin**

Mindezek a javaslatok kizárólag az osztályellentétek
eltűnésére mutatnak rá

**Klassengegensätze waren damals gerade erst im Entstehen
begriffen**

Az osztályellentétek abban az időben még csak most jelentek
meg

**In diesen Veröffentlichungen werden diese
Klassengegensätze nur in ihren frühesten, undeutlichen und
unbestimmten Formen anerkannt**

Ezekben a kiadványokban ezeket az osztályellentéteket csak
legkorábbi, homályos és meghatározatlan formájukban
ismerik fel

Diese Vorschläge haben also rein utopischen Charakter

Ezek a javaslatok tehát tisztán utópisztikus jellegűek

**Die Bedeutung des kritisch-utopischen Sozialismus und des
Kommunismus steht in einem umgekehrten Verhältnis zur
historischen Entwicklung**

A kritikai-utópisztikus szocializmus és kommunizmus
jelentősége fordított kapcsolatban áll a történelmi fejlődéssel
**Der moderne Klassenkampf wird sich entwickeln und
weiter konkrete Gestalt annehmen**
A modern osztályharc ki fog fejlődni és továbbra is határozott
formát ölt
**Dieses fantastische Ansehen des Wettbewerbs wird jeden
praktischen Wert verlieren**
Ez a fantasztikus kiállás a versenyből elveszíti minden
gyakorlati értékét
**Diese phantastischen Angriffe auf die Klassengegensätze
verlieren jede theoretische Rechtfertigung**
Ezek az osztályellentétek elleni fantasztikus támadások
elveszítik minden elméleti igazolásukat
**Die Urheber dieser Systeme waren in vielerlei Hinsicht
revolutionär**
E rendszerek megalkotói sok tekintetben forradalmiak voltak
**Aber ihre Jünger haben in jedem Fall bloße reaktionäre
Sekten gebildet**
De tanítványaik minden esetben pusztán reakciós szektákat
hoztak létre
**Sie halten an den ursprünglichen Ansichten ihrer Meister
fest**
Szorosan ragaszkodnak mestereik eredeti nézeteihez
**Aber diese Anschauungen stehen im Gegensatz zur
fortschreitenden geschichtlichen Entwicklung des
Proletariats**
De ezek a nézetek ellentétben állnak a proletariátus fokozatos
történelmi fejlődésével
**Sie bemühen sich daher, und zwar konsequent, den
Klassenkampf abzustumpfen**
Ezért arra törekszenek, mégpedig következetesen, hogy
eltompítsák az osztályharcot
**Und sie bemühen sich konsequent, die Klassengegensätze
zu versöhnen**
és következetesen törekednek az osztályellentétek kibékítésére

Noch träumen sie von der experimentellen Umsetzung ihrer gesellschaftlichen Utopien
Még mindig társadalmi utópiáik kísérleti megvalósításáról álmodoznak
sie träumen immer noch davon, isolierte "Phalanster" zu gründen und "Heimatkolonien" zu gründen
még mindig arról álmodoznak, hogy elszigetelt "falansztereket" alapítanak és "otthoni kolóniákat" hoznak létre
sie träumen davon, eine "Kleine Ikaria" zu errichten – Duodecimo-Ausgaben des Neuen Jerusalem
arról álmodoznak, hogy létrehoznak egy "Kis Ikáriát" — az Új Jeruzsálem duodecimo kiadásait
Und sie träumen davon, all diese Luftschlösser zu verwirklichen
És arról álmodoznak, hogy megvalósítják ezeket a kastélyokat a levegőben
Sie sind gezwungen, an die Gefühle und den Geldbeutel der Bourgeoisie zu appellieren
kénytelenek a burzsoá érzéseire és pénztárcájára apellálni
Nach und nach sinken sie in die Kategorie der oben dargestellten reaktionären konservativen Sozialisten
Fokról fokra süllyednek a fent ábrázolt reakciós konzervatív szocialisták kategóriájába
sie unterscheiden sich von diesen nur durch systematischere Pedanterie
Ezektől csak a szisztematikusabb pedantériában különböznek
und sie unterscheiden sich durch ihren fanatischen und abergläubischen Glauben an die Wunderwirkungen ihrer Sozialwissenschaft
és abban különböznek, hogy fanatikus és babonás hitük van a társadalomtudományuk csodás hatásaiban
Sie widersetzen sich daher gewaltsam jeder politischen Aktion der Arbeiterklasse
Ezért hevesen ellenzik a munkásosztály minden politikai akcióját

ein solches Handeln kann ihrer Meinung nach nur aus
blindem Unglauben an das neue Evangelium resultieren

szerintük az ilyen cselekedet csak az új evangéliumba vetett
vak hitetlenségből eredhet

**Die Owenisten in England und die Fourieristen in
Frankreich stehen den Chartisten und den "Réformisten"
entgegen**

Az oweniták Angliában és a fourieristák Franciaországban
ellenzik a chartistákat és a "réformistákat"

Stellung der Kommunisten zu den verschiedenen
bestehenden Oppositionsparteien
A kommunisták helyzete a különböző létező ellenzéki
pártokkal szemben

**Abschnitt II hat die Beziehungen der Kommunisten zu den
bestehenden Arbeiterparteien deutlich gemacht**
A II. cikkely világossá tette a kommunisták viszonyát a létező
munkáspártokhoz
**wie die Chartisten in England und die Agrarreformer in
Amerika**
mint például a chartisták Angliában és az agrárreformerek
Amerikában
**Die Kommunisten kämpfen für die Erreichung der
unmittelbaren Ziele**
A kommunisták a közvetlen célok eléréséért harcolnak
**Sie kämpfen für die Durchsetzung der momentanen
Interessen der Arbeiterklasse**
harcolnak a munkásosztály pillanatnyi érdekeinek
érvényesítéséért
**Aber in der politischen Bewegung der Gegenwart
repräsentieren und kümmern sie sich auch um die Zukunft
dieser Bewegung**
De a jelen politikai mozgalmában ők képviselik és
gondoskodnak annak a mozgalomnak a jövőjéről is
**In Frankreich verbünden sich die Kommunisten mit den
Sozialdemokraten**
Franciaországban a kommunisták szövetkeznek a
szociáldemokratákkal
**und sie positionieren sich gegen die konservative und
radikale Bourgeoisie**
és a konzervatív és radikális burzsoáziával szemben
pozicionálják magukat
**sie behalten sich jedoch das Recht vor, eine kritische
Position gegenüber Phrasen und Illusionen einzunehmen,
die traditionell aus der großen Revolution überliefert sind**

azonban fenntartják maguknak a jogot, hogy kritikus állláspontot foglaljanak el a nagy forradalomból hagyományosan ránk hagyományozott frázisokkal és illúziókkal szemben

In der Schweiz unterstützt man die Radikalen, ohne dabei aus den Augen zu verlieren, dass diese Partei aus antagonistischen Elementen besteht

Svájcban a radikálisokat támogatják, anélkül, hogy szem elől tévesztenék azt a tényt, hogy ez a párt antagonisztikus elemekből áll

teils von demokratischen Sozialisten im französischen Sinne, teils von radikaler Bourgeoisie

részben francia értelemben vett demokratikus szocialistáké, részben radikális burzsoáziáé

In Polen unterstützen sie die Partei, die auf einer Agrarrevolution als Hauptbedingung für die nationale Emanzipation beharrt

Lengyelországban azt a pártot támogatják, amely ragaszkodik az agrárforradalomhoz, mint a nemzeti emancipáció elsődleges feltételéhez

jene Partei, die 1846 den Krakauer Aufstand angezettelt hatte

az a párt, amely 1846-ban kirobbantotta a krakkói felkelést

In Deutschland kämpft man mit der Bourgeoisie, wenn sie revolutionär handelt

Németországban harcolnak a burzsoáziával, valahányszor az forradalmi módon cselekszik

gegen die absolute Monarchie, das feudale Eichhörnchen und das Kleinbourgeoisie

az abszolút monarchia, a feudális mókusok és a kispolgárság ellen

Aber sie hören nicht auf, der Arbeiterklasse auch nur einen Augenblick lang eine bestimmte Idee einzuflößen

De soha egyetlen pillanatra sem szűnnek meg egy bizonyos eszmét csepegtetni a munkásosztályba

die klarste Erkenntnis des feindlichen Antagonismus
zwischen Bourgeoisie und Proletariat
a burzsoázia és a proletariátus közötti ellenséges ellentét
lehető legvilágosabb felismerése
damit die deutschen Arbeiter sofort von den ihnen zur
Verfügung stehenden Waffen Gebrauch machen können
hogy a német munkások azonnal használhassák a
rendelkezésükre álló fegyvereket
die sozialen und politischen Bedingungen, die die
Bourgeoisie mit ihrer Herrschaft notwendigerweise
einführen muss
azokat a társadalmi és politikai feltételeket, amelyeket a
burzsoáziának szükségszerűen be kell vezetnie
felsőbbrendűségével együtt
der Sturz der reaktionären Klassen in Deutschland ist
unvermeidlich
a reakciós osztályok bukása Németországban elkerülhetetlen
und dann kann der Kampf gegen die Bourgeoisie selbst
sofort beginnen
és akkor azonnal megkezdődhet a burzsoázia elleni harc
Die Kommunisten richten ihre Aufmerksamkeit
hauptsächlich auf Deutschland, weil dieses Land am
Vorabend einer Bourgeoisie Revolution steht
A kommunisták figyelme elsősorban Németországra irányul,
mert ez az ország a burzsoázia forradalmának előestéjén áll
eine Revolution, die unter den fortgeschritteneren
Bedingungen der europäischen Zivilisation durchgeführt
werden muss
olyan forradalom, amelyet az európai civilizáció fejlettebb
körülményei között kell végrehajtani
Und sie wird mit einem viel weiter entwickelten Proletariat
durchgeführt werden
és ezt egy sokkal fejlettebb proletariátussal kell végrehajtani
ein Proletariat, das weiter fortgeschritten war als das
Englands im 17. und Frankreichs im 18. Jahrhundert

a tizenhetedik században Angliánál, a tizennyolcadik
században pedig Franciaországnál fejlettebb proletariátus volt
und weil die Bourgeoisie Revolution in Deutschland nur das
Vorspiel zu einer unmittelbar folgenden proletarischen
Revolution sein wird
és mert a burzsoázia forradalma Németországban csak
előjátéka lesz a közvetlenül utána következő
proletárforradalomnak
Kurz gesagt, die Kommunisten unterstützen überall jede
revolutionäre Bewegung gegen die bestehende soziale und
politische Ordnung der Dinge
Röviden, a kommunisták mindenütt támogatnak minden
forradalmi mozgalmat a dolgok fennálló társadalmi és
politikai rendje ellen
In all diesen Bewegungen rücken sie als Leitfrage die
Eigentumsfrage in den Vordergrund
Mindezekben a mozgalmakban előtérbe helyezik, mint vezető
kérdést, a tulajdonkérdést
unabhängig davon, wie hoch der Entwicklungsstand in
diesem Land zu diesem Zeitpunkt ist
függetlenül attól, hogy milyen fejlettségi fokú az adott
országban abban az időben
Schließlich setzen sie sich überall für die Vereinigung und
Zustimmung der demokratischen Parteien aller Länder ein
Végül mindenütt az összes ország demokratikus pártjainak
uniójáért és egyetértéséért dolgoznak
Die Kommunisten verschmähen es, ihre Ansichten und
Ziele zu verheimlichen
A kommunisták megvetik nézeteiket és céljaikat
Sie erklären offen, dass ihre Ziele nur durch den
gewaltsamen Umsturz aller bestehenden gesellschaftlichen
Verhältnisse erreicht werden können
Nyíltan kijelentik, hogy céljaikat csak az összes fennálló
társadalmi feltétel erőszakos megdöntésével érhetik el
Mögen die herrschenden Klassen vor einer
kommunistischen Revolution zittern

Reszkessenek az uralkodó osztályok a kommunista forradalomtól

Die Proletarier haben nichts zu verlieren als ihre Ketten

A proletároknak nincs vesztenivalójuk, csak láncaik

Sie haben eine Welt zu gewinnen

Van egy világuk, amit meg kell nyerniük

ARBEITER ALLER LÄNDER, VEREINIGT EUCH!

MINDEN ORSZÁG DOLGOZÓI, EGYESÜLJETEK!